CENT VINGT ANS DE REMORDS

Marcel Robillard

CENT VINGT ANS
DE REMORDS

QUAND UNE CHASSE AUX TRÉSORS
DEVIENT UNE ODYSÉE SPIRITUELLE

Marcel Robillard

© 2002 Les Publications Modus Vivendi inc.

Les Publications Modus Vivendi inc.
3859, autoroute des Laurentides
Laval (Québec)
Canada
H7L 3H7

Design de la couverture : Marc Alain
Infographie : Modus Vivendi
Photographies : Raoul Fortin, Richard Bernier, John Stephens, Noel Myrick,
Phil Roche, Kevin Roche

Dépôt légal, 1er trimestre 2002
Bibliothèque nationale du Québec
Bibliothèque nationale du Canada
Bibliothèque nationale de France

ISBN : 2-89523-098-6

Canada Nous reconnaissons l'aide financière du gouvernement du Canada
par l'entremise du Programme d'aide au développement de l'industrie de l'édition (PADIÉ) pour nos activités d'édition.

Gouvernement du Québec — Programme de crédit d'impôt pour l'édition de
livres — Gestion SODEC

Imprimé au Canada

aRemerciements

Je remercie ceux qui m'ont aidé et encouragé à écrire ce livre, ainsi que les pêcheurs de Terre-Neuve et tous les membres des différents équipages qui ont pris part à l'aventure, en particulier le capitaine Phil Roche de Renews que j'ai l'honneur d'appeler mon ami. Je suis également très reconnaissant envers Paul et Arthur Johnson pour leur permission d'utiliser des extraits de leur livre *The Tragic Wreck of the Anglo Saxon* et Frank Galgay et Michael McCarthy pour leur permission d'utiliser des extraits de leur livre *Buried Tresures of Newfoundland and Labrador*, ainsi que *The Telegram* et *Le Journal de Montréal* pour leur permission d'utiliser des articles parus dans leur journal. Je remercie également les archives de Terre-Neuve, les archives nationales d'Ottawa, le receveur d'épaves d'Ottawa et la Bibliothèque nationale du Québec à Montréal pour leur précieuse collaboration.
Finalement, je tiens à souligner l'aide que m'ont apportée Lucie Brodeur, Guy Mercier, Ginette Gougeon, Louise Alarie, Michèle Legault et Josée Latour ainsi que tous ceux dont j'oublie le nom.

TABLE DES CHAPITRES

Préface

L'histoire que vous vous apprêtez à lire est vraie, en cela que c'est la mienne. Comme tous les garçons, je raffolais des histoires de corsaires et des aventures de grands navigateurs sillonnant les mers du monde. N'écoutant que ma passion, je me suis aventuré au fond des mers pour me retrouver très loin, là où je n'aurais jamais cru aller un jour. Ce désir inné d'explorer les fonds marins s'est peu à peu révélé jusqu'à ce que la force innommée qui m'entraînait à quitter la terre ferme trouve son sens.

Je remercie tous ceux qui m'ont secondé, en particulier les pêcheurs de Terre-Neuve et du Labrador, qui m'ont encouragé à réaliser mes projets les plus fous, les plus auda-

cieux. Sans eux, je n'aurais assurément pas lancé toutes ces entreprises qui allaient me conduire, par-delà les méandres des fonds marins, à l'éveil intérieur qui éclairerait enfin les zones d'ombre de mon cœur et de mes pensées.

CHAPITRE I

À quel moment faire débuter une histoire alors qu'il s'agit d'une eau vive qui file depuis toujours ? Je sais simplement qu'elle a débuté longtemps avant ma naissance dans un village situé au nord de Montréal qui s'appelait alors Pincourt et que l'administration publique allait rebaptiser Saint-Louis-de-Terrebonne. J'ai fréquenté une petite école de rang d'une trentaine d'élèves tenue par une seule institutrice, une demoiselle fort recommandable, sévère mais juste, qui enseignait aux écoliers des sept années du primaire. Déjà, en première année, âgé d'à peine sept ans, j'avais le sentiment d'être différent de mes camarades, d'être plus mûr qu'eux. J'étais un loup solitaire. Je rêvais d'aventures et de liberté. Je me voyais ailleurs. Pendant la récréation, je m'isolais dans un coin et rêvais de voyages en haute mer.

Un jour, justement pendant la récréation, je creusais le sable quand soudain j'ai aperçu des pierres qui brillaient au soleil. Fou de joie, je les ai dépoussiérées et ai aussitôt accouru vers Mademoiselle afin de les lui montrer, non sans fierté. « Regardez ce que j'ai découvert ! » En moins de deux, nous nous sommes retrouvés entourés de mes camarades de classe qui lançaient des regards admiratifs à ma trouvaille. L'institutrice proposa alors de faire analyser les pierres afin de déterminer leur nature. Il s'avéra que ces pierres étaient communes et qu'elles n'avaient aucune valeur. Cependant, cette péripétie me fit connaître des aînés de l'école et ma soudaine notoriété n'était pas pour me déplaire.

Avec l'enthousiasme d'un débutant, je me suis mis à collectionner les pierres. Il s'agissait de belles pierres rondes, lisses et brillantes, d'un bleu azur. La lecture des bandes dessinées m'avait appris que les pirates enfouissaient leurs trésors dans le sol. Je me suis alors mis à creuser afin d'enterrer mes pierres au pied d'un chêne majestueux, qui donnait de l'ombre à notre maison, pour que personne ne puisse les découvrir. Je tenais là mon premier secret, mon premier trésor.

Les jours succédaient aux jours et bientôt j'ai fini par oublier mes pierres ensevelies, mais je n'ai pas renoncé à découvrir de véritables trésors. Mon père était garagiste à Repentigny et, lorsque j'étais adolescent, il m'a embauché pour travailler à ses côtés le soir et le week-end. Je me suis vite rendu compte que la sédentarité de ce travail n'avait aucun attrait pour moi. Non, je n'allais pas devenir mécanicien et réparer des bagnoles. Ma vie serait autre.

Un jour, j'ai aperçu dans le fleuve Saint-Laurent des ouvriers en combinaison de plongée qui soudaient les sections d'un pont. Voilà une occupation qui m'intéressait! Lorsque j'ai atteint ma seizième année, j'ai demandé à mon père de m'inscrire à un cours de plongée sous-marine. Il a secoué la tête, négativement. J'ai tenté de le convaincre à maintes et maintes reprises, mais il ne voulait décidément rien entendre de ce projet. J'ai alors suivi un cours de soudure à l'école des métiers, ce qu'il ne m'avait pas inter-dit. Ce cours s'inscrivait dans le cadre du programme de plongée sous-marine. Par la suite, j'ai exercé le métier de soudeur pendant quelques années.

Vers l'âge de dix-huit ans, un documentaire captivant sur la plongée sous-marine présenté à la télé me rappela mes trésors d'enfant. Le désir de pratiquer la plongée sous-marine surgit de nouveau et, cette fois, je n'avais plus à demander la permission paternelle. J'en touchai un mot à Guy Gerbeau, mon meilleur ami avec qui j'exerçais le métier de soudeur. Beau garçon, émule d'Elvis, Guy était très populaire auprès des femmes. Il aimait s'amuser mais n'avait pas le sens des responsabilités. Il avait le don de me mettre mal à l'aise face aux femmes, sans compter les sales coups qu'il jouait à tous les gars ! Mais j'estimais notre ami-tié plus que tout et je lui ai donc proposé de suivre un cours de plongée. Deux jours plus tard, nous nous inscrivions à une école spécialisée. Le jour, nous étions soudeurs et, le soir et le week-end, nous prenions part aux cours. Nous avons passé tout l'hiver à nous exercer aux techniques de

Marcel Robillard à l'âge de 18 ans.

plongée dans la piscine de la rue Saint-Hubert. Au printemps suivant, j'étais enfin prêt à découvrir plein de trésors et à voir de mes yeux les fonds marins.

J'ai postulé un emploi auprès de K.D. Marine, une société de construc-tion qui embauchait des plongeurs pour travailler sous l'eau. Une semaine plus tard, on m'engageait à titre d'assistant de plongée. L'assistant dirige la progression du plongeur lorsqu'il est sous l'eau, communique avec lui, répond à ses signaux et s'assure qu'il remonte en temps opportun. J'étais tout fébrile. On m'a d'abord envoyé comme assistant de plongée sur les lieux de la construction du tunnel Louis-Hippolyte-Lafontaine qui relie la rive nord du fleuve Saint-Laurent à la rive sud, entre Montréal et sa banlieue. Je ne travaillais pas seul en raison de mon inexpérience. Un autre assistant de plongée était chargé de m'enseigner les rudiments du métier, que j'acquis sans difficulté.

Quelques jours après mes débuts, un gars s'approcha lentement de nous, le regard sombre. Un plongeur de l'autre équipe venait de perdre la vie au travail, son tuyau d'air s'était rompu. Le courant l'avait emporté et son corps ne fut jamais retrouvé. Quelle triste nouvelle en cette première semaine d'un boulot qui me passionnait ! Je me suis dit nerveusement, tentant de me convaincre, que le danger était inhérent à ce métier. J'avais choisi un métier qui comportait des risques et je devais en être conscient. De nombreux métiers comportent des risques et peuvent être dangereux. Il valait mieux savoir cela dès le départ.

Deux semaines passèrent durant lesquelles je plongeai ici et là, après quoi la direction de l'entreprise me proposa de me rendre à New Glasgow en Nouvelle-Écosse pour souder deux réservoirs de cinq cents gallons de chaque côté de deux chalands pour qu'on puisse ensuite y installer une grue de cinquante tonnes. Mon métier de soudeur me permit d'obtenir le poste. Je pris sans tarder la direction de Pictou en Nouvelle-Écosse. Ce boulot me demanda un mois et demi d'efforts et, devant le résultat de mon travail, la société décida de m'embaucher comme plongeur sous-marin. Mon rêve commença alors à se réaliser.

Le projet suivant consistait à installer une canalisation sur une longueur de cinq mille pieds pour le compte d'un moulin à papier. Cette conduite devait traverser une baie afin d'acheminer des déchets vers un bassin. Deux mois plus tard, par un bel après-midi ensoleillé, je plongeais dans environ trente pieds d'eau pour poser des boulons. Pour travailler plus rapidement que les autres, j'avais l'habitude de passer sous la canalisation. Nous étions à marée basse et soudain mon tuyau d'air resta coincé entre les joints de l'énorme tuyau. Je commençai à éprouver de la difficulté à respirer. En premier lieu, j'ai conservé mon calme. Mais l'air se faisait de plus en plus rare. Je commençais sérieusement à avoir peur. J'ai paniqué à l'idée de ne plus revoir le soleil ni mes amis. En quelques instants ma vie défila devant mes yeux. Je me sentis faiblir.

Avec le peu d'air qui restait à l'intérieur de ma combinaison à volume constant (vêtement de plongée étanche pourvu d'une cagoule en caoutchouc étanche), j'ai réussi à descendre vers le fond. Par chance, grâce au mouvement des vagues, la grue a fait se déplacer quelque peu la canalisation vers le haut. J'ai dégagé tant bien que mal le tuyau d'air et j'ai réussi à remonter à la surface à moitié évanoui.

J'ai cru que ma dernière heure avait sonné mais je m'étais trompé. La vie m'avait accordé une autre chance.

Les travaux s'échelonnèrent sur une autre année. Je suis retourné à Montréal pour les grandes vacances et j'ai alors proposé à Guy de m'accompagner sous prétexte que j'avais un boulot pour lui. En vérité, rien n'était moins sûr, mais il m'a suivi. Nous avons pris la route de Pictou. Guy fut embauché par la société Porter Excavation, chargée de creuser une tranchée dans laquelle nous allions mettre la canalisation. Sa tâche consistait à inspecter le travail des plongeurs de mon équipe afin d'y déceler des défectuosités et des erreurs possibles. Mon meilleur ami se trouvait à mes côtés mais l'envie de la chasse aux trésors commençait à me démanger sérieusement.

En septembre 1965, un plongeur nous arriva de Terre-Neuve. Il s'appelait Bill et avait l'allure d'un dur de dur. Cet Anglais d'origine maîtrisait suffisamment le français pour me raconter qu'il avait exploré une épave à deux cent quarante pieds de profondeur à Calver. Il avait agi pour le compte de la société K.D. Marine, laquelle était liée par contrat à une compagnie d'assurance anglaise afin de récupérer le coffre-fort de ce bateau englouti. Quelque temps plus tard, la K.D. Marine avait mis fin à l'exploration de cette épave car deux plongeurs avaient contracté la maladie des caissons.

Bill me confia que le coffre était censé contenir une grande quantité d'or. Cela ne tomba pas dans l'oreille d'un sourd. Il me dit encore que plusieurs autres épaves de navires se trouvaient à cet endroit, mais en eaux moins profondes. Je pris à ce moment précis la décision de me rendre à Terre-Neuve. La chasse aux trésors revenait me hanter et j'étais déterminé à aller voir là-bas s'il s'en trouvait.

En novembre 1966, mon travail à Pictou était terminé. Au bout d'un an, j'étais las de toujours faire le même job et je rêvais d'aventures. Nous avions creusé une tranchée de cinq mille pieds qui reliait les deux rives, puis nous y avions posé une canalisation de cinq pieds de diamètre sur toute sa longueur. Elle avait ensuite été remblayée avec de la terre. Par malchance, une semaine avant la fin des travaux, l'opérateur chargé de l'enfouir fit une mauvaise manœuvre et la souleva à quarante pieds de hauteur sur une longueur de six cents pieds. Cette erreur a découragé tous les plongeurs qui avaient peiné durement et qui n'avaient plus la force de recommencer.

Mike Miller, un Britannique de vingt-six ans, ingénieur et plongeur de métier, Michel Dupont, un ambitieux qui cherchait toujours à être le premier en tout, Guy Gerbeau et moi-même avons alors décidé de nous rendre à Terre-Neuve en plein hiver, emportant avec nous deux jeux de bouteilles d'air comprimé doubles, nos combinaisons de plongée, nos masques, nos détendeurs et neuf cents dollars. Mon cœur battait fort. Notre objectif était de plonger à la recherche d'épaves et de faire fortune. Surtout moi, passionné que j'étais de chasse aux trésors !

Carte actuelle de l'île de Terre-Neuve, Canada.

CHAPITRE II

Le traversier glissait tranquillement à la surface de l'eau. Le ciel rejoignant la mer, nous nous enfoncions dans une immensité bleue insupportable. Je ne pus alors que constater ma propre petitesse et cela me força à l'humilité. Les yeux fixant l'horizon malgré le vent qui cinglait mon visage, je ne m'attardais pas aux éléments qui m'entouraient ; je songeais à ce qui m'attendait sous la surface des choses, à ce qui se cachait sous l'eau bleue, vers quoi il me fallait aller.

Après quelque dix heures de traversée, nous avons enfin aperçu les escarpements de la côte terre-neuvienne. Peu à peu, le petit village de Port aux Basques nous apparut, lequel doit son nom aux pêcheurs basques qui, déjà au XVe siècle, venaient y pêcher la morue et y faire sécher leurs prises. La rudesse du paysage me désola : des terres chauves et des falaises rocheuses ; seul le vent semblait généreux. Un instant le doute s'empara de moi et je me suis demandé ce que je faisais là. Deux tertres se dégageaient du paysage à mesure que nous approchions de la côte. Puis une imposante falaise bordée d'une voie ferrée où de nombreux trains avaient déraillé et s'étaient abîmés dans les eaux froides. Peu à peu, je me suis accoutumé à la rusticité de ces lieux indomptés, d'autant que dans chaque port où nous accostions les villageois nous faisaient un accueil aussi chaleureux que la bise était cinglante. Si la terre y semble inhospitalière, les habitants savent le faire oublier par leur générosité et leur gentillesse.

Enfin, nous avons aperçu le port de Saint-Jean, la capitale de l'île, entouré de montagnes. Il nous fallu peu de temps après avoir posé le pied à terre pour nous rendre compte que l'hospitalité était là encore une règle de vie en société. On ne sentait pas chez ces gens la crainte de l'étranger, la suspicion face à celui qui vient de débarquer, que l'on rencontre parfois chez les insulaires. Nul visage renfrogné, nulle indication fournie de mauvais gré; au contraire, une amabilité et un enthousiasme désarmants. J'avais le sentiment d'appartenir à une grande famille.

Le lendemain, nous avons poursuivi notre route jusqu'à une petite ville nommée Calver. La population de l'endroit nous fit un accueil chaleureux comme si nous avions été des cousins éloignés qui rentraient chez eux à Noël. Nous nous sommes installés dans une petite pension tenue par une vieille dame, Annie O'toole, où le rez-de-chaussée embaumait le pain chaud. Une maison modeste mais coquette où régnait la propreté. Toutes ses fenêtres donnaient sur la mer. De ma chambre à l'étage, j'apercevais au loin les falaises escarpées que survolaient les cormorans à l'affût et le phare de Ferryland qui émettait ses signaux lumineux. Dans ce décor paisible, balayé par l'air salin, je dormais comme un enfant sage. Moi qui ne parlais pourtant pas l'anglais, je me sentais chez moi dans cette maison, dans cette île. Un sentiment étrange me gagna.

Le lendemain de notre arrivée, notre logeuse invita à dîner de ses amis pêcheurs. Michel Dupont se fit notre interprète. La conversation porta vite sur les nombreuses épaves de navires qui gisaient au fond des eaux environnantes. L'un des pêcheurs nous confia que son grand-père trouvait quantité de pièces d'or et d'argent sur la côte d'un îlot tout près de Ferryland, où se dressait le phare de navigation. En écoutant ce type parler des trouvailles de son grand-père, mon imagination s'emballa et je me pris à rêver moi aussi de découvrir des trésors anciens. Mais avant toute chose, je devais apprendre l'anglais, du moins ses rudiments, afin de me débrouiller par mes propres moyens. Chose dite, chose faite : en l'espace de deux mois je connaissais suffisamment cette langue pour exprimer

Annie O'toole, la première personne à m'avoir parlé de l'Anglo-Saxon.

mes idées, sans toutefois avoir l'aisance nécessaire pour en débattre. Mais j'avais fait un effort et le temps et l'expérience feraient le reste.

L'hiver était là, gris et glacial comme le ciel. Des rubans de brume enguirlandaient les côtes jusqu'à rendre nulle la visibilité. La brume, la pluie et le vent dessinaient le paysage de l'île. La violence des flots décourageait quiconque aurait songé à s'aventurer en mer. Il n'y avait qu'à s'incliner avec humilité devant la force des éléments. La chasse aux trésors devrait attendre encore.

Le destin de Terre-Neuve est tout entier lié à la mer. Connaître l'une, c'est connaître l'autre. La mer est omniprésente dans la vie des Terre-Neuviens. Faisons d'abord un peu de géographie et de météorologie. L'océan se trouve au plus à cent kilomètres du centre de l'île, qui est exposée toute l'année aux effets des eaux froides qui

La ville de Saint-Jean, capitale de Terre-Neuve.

l'entourent. Dans l'Atlantique, les températures de l'eau de surface atteignent en été un maximum de onze à treize degrés Celsius près des côtes et de huit à onze degrés Celsius au large ; en hiver elles baissent à moins un près des côtes et à deux degrés au large. Dans le golfe, les eaux enregistrent de un à trois degrés de plus. Sur la côte, l'air du large réchauffe un peu les températures hivernales et refroidit quelque peu les températures estivales, comparativement à l'intérieur. Qui dit climat maritime dit généralement temps changeant, précipitations abondantes sous toutes ses formes (parfois simultanées), taux d'humidité élevé, visibilité réduite, nuages nombreux, faible ensoleillement et vents forts.

Michel, Guy, Mike et moi avons donc attendu que la mer se calme avant d'entreprendre notre première plongée. Nous avions décidé de nous intéresser à l'exploration du *Torhanvan*, un cargo d'environ trois cents pieds qui faisait quelque mille cinq cents tonnes américaines. Précisons à l'intention de nos lecteurs qui ne sont pas marins que le tonnage net d'un navire rend compte de sa capacité utile sur le plan commercial, à partir de laquelle on décide des taxes de port, de pilotage et de phares. Le *Torhanvan* s'était échoué à quelque deux cents pieds du phare de Ferryland. Michel décida de sauter à l'eau de l'escarpement rocheux muni d'une bouteille d'air comprimé pour se rendre à l'épave. Malgré une accalmie, les vagues s'agitaient encore fortement. Tout risque n'était pas écarté. Nous avons patienté quelques instants en fixant les bulles d'air qui témoignaient de la présence de Michel sous l'eau pour enfin le revoir à la surface, arborant un sourire de contentement. «Hé les gars! Il y a une grande quantité de cuivre, de bronze et de métaux semi-précieux de toutes sortes, là-dessous! Il va falloir utiliser de la dynamite pour dégager le tout parce que le bronze est encore fixé à l'arbre de l'hélice de l'épave.»

Le lendemain, nous sommes allés à Saint-Jean pour acheter le matériel nécessaire, dont deux cartons de dynamite et des détonateurs. Nous en avons pris 100 livres en tout. À cette époque, on achetait sans difficulté des bâtons de dynamite. Bien sûr, nous n'étions pas des amateurs. J'avais appris la technique de dynamitage sous l'eau à l'école de plongée sous-marine; la chose ne m'inquiétait pas. Quelques jours plus tard, nous avons profité d'une journée ensoleillée pour retourner à l'épave de Ferryland. Mike Miller et moi avons plongé et avons placé la dynamite de manière à déloger les roulements à billes qui entouraient l'arbre de l'hélice. Nous nous sommes éloignés du secteur avant d'activer le détonateur. Un grand bruit sourd se fit entendre en même temps qu'une imposante masse d'eau était déplacée. Nous avons ensuite fixé un câble et une poulie à un rocher de la falaise. Ce palan rudimentaire nous a permis de sortir de l'eau glacée des vestiges de bronze, huit pour être exact, dont chacun pesait plus de cent livres. Un plongeur était sur place pour dégager les pièces qui restaient accrochées aux aspérités de l'épave. Il nous a fallu travailler comme des forçats pendant trois jours pour récupérer le bronze de ce navire. Nos efforts furent récompensés par la fierté que nous inspira notre première découverte.

Nous avons mis les pièces de bronze dans le coffre et sur la banquette arrière de ma voiture. La suspension s'affaissa sous le poids. Nous nous sommes rendus à Saint-Jean pour vendre le métal à un ferrailleur nommé Hami Jackermen. Il nous en a donné quarante-deux cents la livre, un très bon prix alors ; ce qui nous a fait une jolie somme. Monsieur Jackermen savait que nous étions plongeurs, que nous voulions explorer les épaves sous-marines et qu'il pourrait commercer avec nous au fil de nos découvertes. Cette première expédition s'était révélée profitable car nous venions d'empocher trois mille dollars et notre chambre et pension nous revenait à quarante dollars par semaine chacun. Nous avions suffisamment d'argent pour subvenir à nos besoins pendant une bonne partie de l'hiver. Il s'était agi d'un rude travail mais nous étions bien rétribués.

Le phare à l'entrée de Saint-Jean, Terre-Neuve.

L'hiver est plutôt clément dans le Southern Shore, la région sud de l'île. C'est le Gulf Stream qui décide du climat, ce courant chaud qui circule dans l'océan Atlantique jusque dans les Antilles. Nous avons profité de l'hiver pour visiter la côte en voiture et nous rendre jusqu'à Trepassey. Nous avons entendu maintes histoires d'épaves, de navires engloutis et de trésors qui attendaient d'être mis au jour. Selon les rumeurs, il s'en trouvait tant qu'une vie n'aurait pas suffi à les trouver tous.

J'adorais la vie dans l'île mais mes camarades s'ennuyaient des plaisirs des grandes villes. En mars, ils décidèrent de rentrer à Montréal en avion. Étant donné que je ne maîtrisais pas assez bien la langue anglaise pour me passer d'un interprète et que, de toute façon, la prudence la plus élémentaire m'interdisait de plonger seul, j'ai décidé à regret de les accompagner. De retour dans la métropole québécoise, il nous fallut peu de temps à Guy et à moi avant d'être embauchés par une société de construction sous-marine à qui on avait confié la tâche de mettre en place les caissons du pont Pierre-Laporte qui relie la ville de Québec à la rive sud du Saint-Laurent. Il s'agissait d'un contrat de six semaines. Le travail consistait à plonger à une profondeur de soixante pieds et à découper des canalisations à la lampe à souder. L'eau était si polluée que nous devions nous passer de l'écran que l'on place devant un masque de plongée pour effectuer des travaux de soudure.

Au mois de mai, à la fin du contrat, Guy Michel et moi sommes retournés à Terre-Neuve. Le beau temps y était revenu. Nous avons acheté pour la somme de deux cent cinquante dollars un vieux deux-mâts, même si aucun de nous ne savait naviguer. Le voilier était doté d'un moteur à deux temps d'un modèle primitif qui ne comportait qu'une seule vitesse. Il nous fallait le remonter manuellement et il s'emballait aussitôt. Au premier tour de manivelle, le moteur démarra si vite que les amarres firent céder les poteaux de la jetée. Étant donné qu'à vingt ans on est audacieux ou inconscient, c'est selon, nous sommes partis avec ce voilier, faisant fi de l'eau qui s'infiltrait entre les jointoiements. L'esprit d'aventure l'emporta sur la prudence tant et si bien que la première rafale nous fit presque chavirer. Nous avions mis le cap sur la baie qui se trouve de l'autre côté d'un petit pont peu élevé auquel s'accrocha l'un des mâts du voilier. Le courant entraîna la coque mais

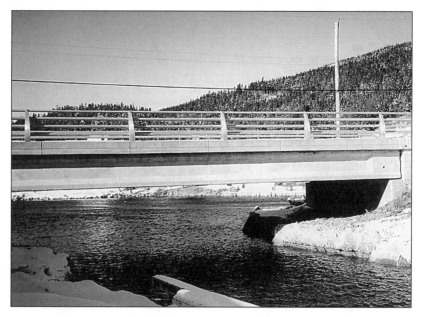

Le nouveau pont (plus bas) en remplacement du vieux pont auquel le mat s'est accroché.

le mât resta coincé sous la structure du pont, désaxant le bateau. Nous étions immobilisés ; incapables d'avancer ou de reculer, nous risquions de verser.

Heureusement, un bon samaritain s'amena avec une scie mécanique et nous dégagea en coupant le mât ! Quelle aventure que cette première sortie ! Nous avons profité de la marée haute pour ramener le bateau vers la côte et nous avons réparé de notre mieux la coque à marée descendante. Nous avons repris le large avec une mâture écourtée. Voilà ce que signifie apprendre sur le tas !

Un soir de tempête, alors que la mer agitait ses flots, les amarres qui retenaient le voilier se rompirent. Il partit à la dérive pour aller s'échouer sur les rochers à proximité du quai. Cette catastrophe a marqué la fin de notre carrière de marins. Dépités par cette nouvelle épreuve, Michel et Guy me regardèrent puis baissèrent les yeux pour s'avouer vaincus. Ils voulaient tout abandonner, renoncer à l'aventure et aux trésors, tandis que pour ma part, la difficulté ajoutait de l'intérêt à l'affaire. Plus que jamais, j'étais résolu à aller jusqu'au bout.

Entre-temps, Mike Miller se trouvait au Nouveau-Brunswick, plus précisément dans la baie de Fundy, où il plongeait pour le compte d'une entreprise qui avait repéré une épave censée contenir quatre cents tonnes de tiges de cuivre à son bord. Il nous téléphona de l'île Grand Manan pour nous proposer de travailler avec lui à vider ce navire englouti en 1720 du cuivre qu'il contenait. L'entreprise payait le transport et remboursait les frais afférents à l'expédition. Son offre tombait pile.

Je gagnais alors cent dollars par jour pour plonger à une profondeur de cent pieds à marée basse et à cent trente pieds à marée haute dans la baie de Fundy. Mais je n'étais pas seul sous l'eau. Un requin mesurant entre sept et huit pieds me tournait autour. Lors de notre premier face à face, j'ai sursauté. Il m'approchait de trop près. Imaginez! il décrivait autour de moi des cercles d'un rayon de cinq pieds. Chaque fois que je plongeais, il était au rendez-vous. J'ai fini par m'habituer à sa compagnie.

Un jour que je dynamitais, l'eau s'embrouilla rapidement et blanchit. Une secousse fit s'emmêler les câbles de repère à mes bouteilles d'air comprimé. Je ne voyais rien à un pas devant moi. Je tentai vainement de dégager les câbles mais ils étaient trop entremêlés. J'eus l'idée de détacher mes bouteilles tout en gardant l'embout de mon tuyau d'air dans la bouche. Le temps me pressait car j'avais consommé presque tout l'air. Je finis par trancher les câbles. À cent trente pieds sous la surface, il était grand temps! Par surcroît, il me fallait compter avec les paliers de décompression. Il faut savoir qu'un plongeur qui a passé quelque temps dans les profondeurs ne peut remonter d'un trait à la surface, mais progressivement, par paliers, et attendre que son organisme s'adapte chaque fois à la pression ambiante. Ainsi, je devais ce jour-là freiner ma remontée pendant dix minutes à vingt pieds sous l'eau et pendant vingt-cinq minutes à dix pieds de profondeur, mais je n'avais plus d'air. Je suis vite remonté à la surface, inquiet, pour demander d'autres bouteilles d'air comprimé, inentamées cette fois, et je suis vite redescendu sous l'eau afin de décompresser. La pensée m'effleura quelques secondes que, à défaut d'accomplir comme il se doit l'exercice de décompression, je pourrais souffrir de paralysie et de séquelles très graves.

Deux jours plus tard, un plongeur, qui était descendu avant moi, remonta sur le pont pris de panique, blanc comme un drap. Il agitait vivement les bras. Il disait éprouver des fourmillements aux jointures. J'ai vite reconnu ces symptômes. Il souffrait de la maladie des caissons provoquée par des changements de conditions atmosphériques. Sans plus attendre, j'ai plongé avec lui. Mais comme il était plus grand et plus lourd que moi, il m'a entraîné vers le fond. Il semblait affolé. Nous sommes restés quelques minutes au fond pour ensuite remonter à trente pieds de la surface, puis à vingt pieds, et ainsi de suite, pendant quatre-vingt-dix minutes afin de décompresser comme il se doit. Au bout du compte, j'étais frigorifié.

L'île Grand Manan comptait alors près de cinq mille habitants. Tous les hommes étaient des pêcheurs très prospères occupés à pêcher le homard et la sardine. À trois reprises, on nous demanda de dynamiter des rochers auxquels se prenaient les filets de pêche. Nous avons évidemment accepté, d'autant qu'on nous proposait trois cents dollars pour ce petit travail. Chacun de nous eut donc droit à cent dollars en plus de son chèque de paye. Cela nous suffit largement à nous offrir du bon temps à cet endroit.

Très souvent, après une journée de plongée, nous allions en boîte danser avec les jeunes filles de l'île, auprès de qui nous avions du succès. Un soir, Mike Miller fit la connaissance d'une jolie fille et décida de ne pas rentrer à Terre-Neuve avec nous. Puis Michel Dupont retourna à Montréal. Nous avions rempli notre contrat et, à la fin de juillet, Guy et moi sommes repartis à Terre-Neuve dans le village de Calver.

Infatigables, nous avons fait l'acquisition d'un autre bateau d'un type du cap Broyle pour la somme de trois cents dollars. C'était un bateau de bois qui prenait l'eau comme une éponge, un vingt-huit pieds, doté d'un moteur à gaz qui fonctionnait comme une tondeuse à gazon. Malgré notre inexpérience et nos mésaventures, Guy et moi ne nous laissions jamais abattre.

Nous avions l'intention d'explorer l'épave d'un bateau pirate au large d'Aquafort, un village situé près de Ferryland. Le long vaisseau de bois, qu'avaient défendu six canons désormais enfoncés dans la vase, était englouti dans la baie à une profondeur de trente-cinq pieds. Sur place, j'ai jeté un coup d'œil rapide car j'espérais trouver un canon de bronze qui aurait valu une petite fortune. Les canons étaient tous en fonte et pesaient très lourd. Cela ne valait pas la peine de les remonter vu le montant que nous en aurions tiré. Par contre, la pêche aux homards fut presque miraculeuse. Il s'agissait de les cueillir dès qu'ils sortaient de leurs antres. Ce soir-là, nous avons festoyé comme des rois même si l'exploration de l'épave s'était avérée décevante.

À cette époque, nous subvenions à nos modestes besoins en glanant ici et là des objets de bronze et de cuivre.

Nous peinions afin de joindre les deux bouts. Nous avions notre vieux rafiot où dormir, mais un soir, pris de découragement, nous en sommes arrivés à la conclusion que nous n'irions jamais loin avec cette coquille de noix qui avançait à une allure d'escargot et n'était pas assez solide pour palanquer quoi que ce fût. C'est le cœur triste que nous avons convenu qu'il valait mieux rentrer à Montréal pour y trouver un travail stable.

CHAPITRE III

Je n'étais pas aussitôt revenu à Montréal que ma voix intérieure m'incitait à retourner à Terre-Neuve. De son côté, Guy retrouva sa famille et nous nous sommes alors perdus de vue. Il me fallait cependant gagner mon pain. J'ai donc postulé un emploi auprès d'une société de plongée sous-marine établie à Montréal, dont la raison sociale était Altech Diver. Trois jours plus tard, le téléphone retentissait pour m'annoncer que j'étais engagé. J'ai donc repris l'occupation de plongeur affecté à des travaux de construction, cette fois dans le Vieux-Port de Montréal. Je devais colmater à l'aide de sacs de ciment de gigantesques trous qui avaient été creusés sous la force des tourbillons qu'entraînaient derrière elles les hélices des navires.

J'ai consacré cet hiver à planifier dans ses moindres détails ma prochaine expédition en mer. J'ai invité l'un des propriétaires de la société qui m'embauchait, un dénommé Réal Gagnon, à m'accompagner. Je lui avais raconté mes aventures au large de Terre-Neuve et cette histoire de trésors gisant sous la mer a piqué sa curiosité et éveillé son sens de l'aventure. J'ai songé à lui car c'était un gars robuste, un plongeur expérimenté qui pouvait rester sous l'eau de cinq à six heures chaque jour. Ses qualités de meneur plaidaient en sa faveur ; il savait se faire écouter et connaissait à fond son métier. Devant mon enthousiasme pour l'expédition et l'intérêt que suscitaient les épaves au large de Terre-Neuve, il accepta de me suivre. Je venais de trouver un capitaine.

Au cours de l'hiver, j'avais communiqué avec Danny Pitmen, un pêcheur terre-neuvien établi à Renews. Danny était borgne depuis qu'un éclat de fer lui avait perforé un œil au cours d'une séance de soudure. Il avait la réputation d'être un excellent pêcheur. Il possédait un bateau solide, qui faisait environ trente pieds. Il a consenti à nous le prêter pour l'expédition et à embaucher des hommes compétents pour nous seconder. Nous partagerions les profits, une fois les frais réglés, en parts égales. L'affaire fut vite conclue.

En mars, Réal et moi avons pris la direction de Renews. Au bout d'un voyage sans histoire, nous nous sommes rendus chez Danny. Nous y avons fait la connaissance d'un autre pêcheur, originaire de Cappahayden, Murphy. Il avait les cheveux blancs, la belle cinquantaine, et était d'une élégance qui détonnait. Il ressemblait davantage à un professeur d'université ou à un homme du monde qu'à un pêcheur, comme quoi il ne faut pas juger sur les apparences. M. Murphy récupérait depuis longtemps du bronze et différents métaux des épaves environnantes à l'aide d'un grappin et d'une boîte dont le fond était un verre grossissant avec laquelle il repérait les objets qui l'intéressaient. Il ne plongeait pas ; il scrutait les fonds à l'aide de cette espèce de loupe fixée au bateau et, lorsqu'il trouvait quelque chose digne d'intérêt, il jetait le grappin pour ramener à la surface ce qu'il pouvait. Sa méthode, fondée sur l'observation minutieuse du sol sous-marin, faisait de lui un grand connaisseur d'épaves. Il m'en a signalé une quarantaine dans ce

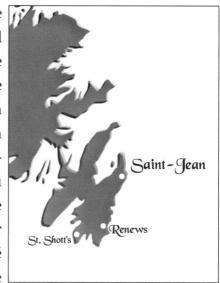

seul secteur et je lui en suis toujours reconnaissant. Un autre membre d'équipage se joignit à nous. Un pêcheur de vingt-six ans prénommé Ronny. Il obéissait aux ordres de

Vue du petit village de Renews.

Danny sans sourciller. Il aimait bien le rhum, comme la plupart des pêcheurs qui sont seuls et qui ont froid.

En mai 1967, Réal et moi avons loué une petite roulotte à Saint-Jean afin de disposer d'un pied-à-terre pour l'été. Un soir, nous avons invité cinq pêcheurs à dîner. Alors que nous buvions une énième bouteille de rhum, l'un des gars raconta une histoire fantastique qui était considérée comme une légende locale. Nous l'écoutions attentivement pour ne pas perdre un mot de son récit. «Un jour à Renews, dans les années 1700, un voilier mouilla dans le port et y jeta l'ancre. Le capitaine descendit à terre et demanda aux villageois : "Pouvons-nous inhumer l'un de nos morts dans votre cimetière ? Nous reviendrions au prochain printemps le reprendre…"» Sur ces mots, notre conteur fit une pause. «Qu'arriva-t-il par la suite ? demandai-je intrigué.

—Étrangement, il a fallu une douzaine de marins costauds pour porter le cercueil jusqu'à une charrette, qui a presque cédé sous le poids du supposé défunt. Ils l'ont finalement enterré mais, curieusement, ils ne sont jamais revenus chercher la dépouille comme le capitaine l'avait laissé entendre.»

Vérification faite, ce cimetière était encore le lieu du dernier repos des défunts à cette époque. Toujours est-il que ce soir-là, nous avions un verre dans le nez quand nous avons pris le chemin du cimetière, non sans emporter un détecteur de métal. L'endroit se trouvait à proximité de l'église, au centre du village. Nous pouvions y entrer et en sortir comme bon nous semblait car il n'était pas clos. Nous avons parcouru différents endroits entre les pierres tombales et les monuments afin de sonder le sol à l'aide du détecteur de métal. Soudain, l'indicateur se mit à s'agiter à vive allure. Je m'empressai d'appeler mes camarades mais nous avons été surpris par des gens venus se recueillir sur une tombe. J'aperçus même le curé de la paroisse à une fenêtre du presbytère qui nous jetait un regard de désapprobation. «Que faites-vous là?» nous lança-t-il. Des curieux commençaient à former un petit attroupement au portail pour voir ce que nous fabriquions. Nous avons dû remballer nos affaires et déguerpir en laissant le trésor sur place!

Sur le coup, cette histoire nous a bien amusés. Nous avons rigolé de la tournure des événements tout le long du chemin qui nous ramenait à la roulotte. Nous avions prêté foi à cette histoire que des générations de conteurs avaient

Le cimetière de Renews, lieu de l'inhumation de l'«étrange cercueil».

peut-être embellie. Bien sûr, je suis passionné de chasse aux trésors mais pas au point de profaner un cimetière.

Le port de Renews, à environ cent kilomètres au sud de Saint-Jean, est bien connu pour sa communauté de pêcheurs. C'est aussi l'un des premiers endroits dont parle l'histoire de Terre-Neuve. Un manuscrit français archivé à la Bibliothèque nationale de France parle de Rougnoust, qui deviendra Renews sous l'influence anglaise, comme du refuge de Jean Denys de Harfleur qui y a laissé son bateau en 1506. Renews fut également l'endroit où Lord Falkland signa le pacte dit de Newfoundland en 1623. Selon un écrit qu'il publia à Dublin, en Irlande, le propriétaire d'une plantation pouvait, avec 100 livres, acheter « la moitié d'un port au nord de la baie de Trinity et se bâtir à Fermeuse ou à Renews et y posséder cent acres de terrain ».

La baie de Renews.

Renews est aussi renommée pour sa longue histoire maritime, surtout en raison des nombreuses catastrophes qui y sont survenues en mer ou sur la terre ferme. L'engloutissement du *Florizel* à Horn Head en 1918 est la plus connue d'entre toutes. Les mystères et périls de la mer n'ont rien pour étonner cette communauté de marins

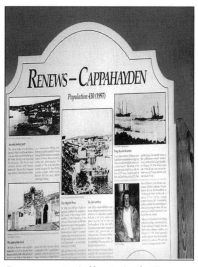

La pancarte à l'entrée de Renews.

car, vers la première décennie du XVIIe siècle, Renews était fréquentée par le pirate Peter Easton. Renews a aussi connu les horreurs de la guerre. Lors des attaques dans les colonies anglaises en 1696, le village a été pris et pillé par les soldats français et leurs alliés amérindiens. À un autre moment, les Butterpots, un massif de collines à proximité de Renews, ont servi de quartier général à une bande de hors-la-loi surnommés « les hommes sans maître ».

Renews a souffert plus que tout des attaques des pirates et des corsaires. En 1778, un corsaire étatsunien a capturé à lui seul et brûlé douze bateaux de pêche près de Renews et fait prisonniers les membres d'équipage. Avec de pareils antécédents, il ne faut pas s'étonner de ce que Renews soit une source abondante d'énigmes et de mystères irrésolus. Parmi les légendes mystérieuses entourant l'endroit, il s'en trouve une sur l'origine d'une plaque de bronze de cent quatorze livres tirée de la mer près de Horn

Head en 1918, le lendemain du naufrage du *Florizel*. Cette plaque était marquée d'un sceau où figurait un lion doté d'une tête de cerf. Longtemps on a pensé que cet emblème était le logo d'une quelconque société maritime, mais même la Lloyd's de Londres ne put déterminer la société qui pouvait s'être dotée d'un tel symbole. L'origine de cette plaque et sa présence à Horn Head demeurent un mystère jusqu'à ce jour.

Cependant, le mystère le plus opaque entoure le contenu du mystérieux cercueil qui fut transporté à son vieux cimetière il y a environ cent cinquante ans. L'histoire débuta un matin de l'été 1848 lorsqu'un trois-mâts d'origine inconnue jeta l'ancre aux alentours de Bantan Rocks, à environ quatre milles nautiques du port de Renews. Des manœuvres occupés sur la rive virent alors des marins mettre deux chaloupes à la mer et se diriger aussitôt vers le port de Lord's Cove. Quand les embarcations s'approchèrent, les témoins remarquèrent que seule la première transportait des passagers. La seconde, bien enfoncée dans l'eau, était remorquée par l'autre. La première toucha la rive et un membre de l'équipage qui semblait être le commandant s'approcha de Patrick Devine, un des habitants qui étaient descendus sur la rive accueillir les étrangers, et lui demanda s'il existait un cimetière à proximité où on pourrait mettre en terre un des membres de l'équipage qui avait perdu la vie.

Ainsi que l'aurait fait tout bon Irlandais catholique et pratiquant, Devine se montra empressé de prêter secours aux compagnons du malheureux marin et de veiller à ce qu'il fût inhumé selon les rites catholiques romains. Aussi, il les invita à transporter leur compagnon mort au cimetière de Renews, leur proposant même son cheval et sa charrette en guise de fourgon mortuaire. Les étrangers acceptèrent son aide avec plaisir. Devine retourna vite à sa grange, fit atteler le cheval par son fils James et tous deux revinrent sur la plage prendre la dépouille du marin. Six des marins s'approchèrent de l'embarcation à bord de laquelle reposait le cercueil et tentèrent, avec une contenance de circonstance, de le soulever pour aller le poser sur la charrette immobilisée dans le sable à quelque distance des chaloupes. Les six hommes purent à peine bouger le cercueil et furent incapables de le soulever suffisamment pour le hisser hors de l'embarcation. Devine et son fils se joignirent à eux, ainsi que des badauds qui s'étaient entre-temps assemblés sur la grève. En conjuguant leurs efforts, ils réussirent à soulever la lourde caisse pour la poser, non sans d'infinies précautions, sur la charrette qui semblait désormais bien frêle. James Devine prit ensuite la tête du convoi qui se dirigea cahin-caha vers le chemin de Bear Cove.

Jamais le chemin de la plage au cimetière n'avait semblé si long et si périlleux ! Les roues de la charrette s'enlisèrent dans le sable à plusieurs reprises à cause du poids du cercueil. La force de la bête de somme ne suffisait pas à mouvoir le «corbillard» et les hommes durent aider le cheval à gravir les côtes les plus abruptes. Certains des participants à ces funérailles improvisées, qui avaient pourtant porté des rondelettes et des ventripotents à leur dernier repos, secouaient la tête, médusés. Nul n'osait poser la question qui commençait à se faire jour dans les esprits : que pouvait bien contenir un cercueil aussi lourd ?

Après des efforts surhumains, ils atteignirent le petit cimetière et les habitants de Renews prêtèrent main forte aux marins pour creuser une fosse bien profonde. Encore une fois, il leur fallut beaucoup d'efforts pour soulever le cercueil de la charrette, le déplacer et le descendre dans la fosse. Nul ne prononça une oraison funèbre et les marins s'empressèrent de remplir de terre la fosse de leur compagnon disparu. Avant de retourner à leur navire, ils remercièrent Devine et les autres habitants de Renews de l'aide qu'ils leur avaient apportée. Le commandant prit une pièce d'or dans sa bourse et la donna à Devine en guise de remerciement pour le cheval et la charrette. Il s'agissait d'un geste très généreux car les pêcheurs de Terre-Neuve avaient rarement l'occasion d'apercevoir une

pièce d'or. Par après, cette pièce s'avéra une bien maigre rétribution car la monture de Devine dut être mise au pacage indéfiniment et l'axe de sa charrette avait plié sous le poids de l'étrange cercueil.

Une pierre tombale, cimetière de Renews.

Dans les jours qui suivirent, les conversations allèrent bon train et les spéculations furent nombreuses parmi les villageois. Pourquoi ces hommes s'étaient-ils donné la peine de venir enterrer un compagnon de bord décédé? La coutume voulait que l'on immergeât dans la mer le corps des marins morts. Pourquoi le cercueil était-il si lourd? Si le corps avait été conservé dans de la saumure, ainsi que certains le supposaient, pourquoi n'avait-on pas attendu de parvenir à destination pour procéder à l'inhumation? Nul ne pouvait répondre à ces questions, mais on secouait la tête et on chuchotait des histoires de pirates et de trésors. Aussi, quelques hommes de Renews, Devine le premier, gardèrent l'œil ouvert pour voir si le mystérieux trois-mâts et son équipage ne reviendraient pas au printemps. Mais nul ne les revit jamais.

Après avoir discuté tout l'hiver de cet événement pour le moins inopiné, les autorités locales en vinrent à la conclusion qu'il pouvait s'être agi de l'un des derniers vaisseaux pirates de l'Atlantique Nord que le gouvernement canadien s'était employé à pourchasser de ses destroyers. Elles furent d'avis que l'équipage du trois-mâts, craignant une poursuite ou une capture par la marine canadienne, avait décidé d'enfouir son trésor en attendant de pouvoir le récupérer sans crainte. Devine, qui habitait près du vieux cimetière, gardait un œil sur l'étrange sépulture, mais personne ne vint la troubler. On finit bientôt par croire que le trois-mâts avait été arraisonné ou qu'il s'était échoué en mer.

Avec le passage des années, cette histoire de cercueil atteignit des proportions de légende. Un jour vint où quelques audacieux proposèrent d'exhumer la caisse pour voir une fois pour toutes ce qu'elle contenait. Mais la plupart des bonnes âmes s'y opposèrent, invoquant le caractère sacré du dernier repos des défunts qu'il ne fallait pour rien au monde troubler. Longtemps après, le vieux cimetière ne servit plus et la plupart de ceux qui avaient prêté main forte aux marins étaient eux aussi disparus, emportant avec eux le secret de l'emplacement exact de la sépulture. Restait le petit James Devine, qui avait conduit son cheval au cimetière ce jour-là. Lui seul pouvait se rappeler les détails de ces funérailles insolites qu'avait dirigées son père. Mais il refusa de parler et je pense que son silence l'honore. Les différentes tentatives pour mettre au jour le prétendu trésor des pirates sont toutes restées vaines.

Seules l'exhumation et l'ouverture du cercueil pourraient éclaircir ce mystère. La caisse recèle peut-être une petite fortune qui attend seulement l'audacieux qui ne sera pas gêné de profaner une sépulture. Il est difficile de localiser l'emplacement exact de la tombe et la première tentative en ce sens a échoué. Selon les dires d'un villageois, en 1954, un étranger vint à Renews après avoir entendu parler de cette histoire, il s'introduisit à la nuit tombée dans le cimetière et entreprit d'y mener une fouille. Il creusa le sol en plusieurs endroits mais s'en retourna bredouille. Le vieux cimetière n'a jamais trahi son secret.

Vers la fin du printemps, nous nous sommes mis à plonger en compagnie de connaisseurs d'épaves. Sur la côte terre-neuvienne, entre Saint-Jean et Trepassey, on dénombre plus de cinq cents épaves. Nous avons d'abord aperçu, à trente pieds de profondeur, les vestiges du majestueux *Florizel*, au large de Cappahayden. Ce paquebot qui faisait près de quatre cents pieds avait sombré le 26 février 1918. Quatre-vingt-quatorze personnes perdirent la vie dans ce naufrage. Au premier jour de plongée, nous avons remonté du fond une pale de l'hélice qui s'était brisée. Elle pesait environ mille cinq cents livres. Nous l'avons remontée à l'aide d'un treuil et d'une poulie fixée en haut du mât. Le câble était attaché à un côté du bateau et nous hissions la pale depuis l'autre côté. Le vestige de bronze montait lentement sous la coque de notre bateau. Nous plongions, vêtus d'un scaphandre, afin de guider son parcours. Enfin, il fut à portée de main! Il s'agissait d'une prise imposante mais nous n'allions pas nous en contenter. Au cours des deux jours qui suivirent, la mer s'était violemment agitée. Le troisième jour, dans l'intention d'explorer davantage le fond sans devoir déplacer notre bateau, j'ai allongé mon tuyau d'alimentation en air. J'ai ainsi pu repérer les trois autres pales qui étaient encore retenues au centre de

un manche de cuillère provenant de l'épave du Florizel.

l'hélice. Mes compagnons et moi-même n'avons pas dis-
simulé notre joie; nous savions ce que ce butin représentait. Ce soir-là, le champagne coula à flots.

Pendant que notre bateau se trouvait au quai, nous
l'avons doté de matériel plus performant et nous avons
consolidé le mât, nous nous sommes munis de câbles et de
poulies d'un calibre supérieur afin de pouvoir remonter
des charges plus lourdes à la surface. Deux jours plus tard,
nous retournions à l'épave du *Florizel*. À marée basse,
nous avons arrimé l'hélice, dont il restait trois pales, sous
l'eau. Elle pesait environ cinq tonnes. À marée haute,
l'hélice se décrocha du fond et nous sommes repartis pour
Renews en la remorquant à une vitesse de deux à trois

Des différent objets provenant de
l'épave du Florizel.

nœuds, c'est-à-dire lentement puisqu'on sait qu'un nœud correspond à un mille marin à l'heure. Le lendemain, nous nous sommes occupés de récupérer l'hélice à l'aide du puissant treuil que les autorités portuaires mettaient à la disposition des navigateurs. Les jours suivants, nous avons remonté quantité d'objets en bronze, des chandeliers et des ustensiles en argent, de même qu'une centaine de pièces d'argent frappées en 1900. Malgré tout ce que nous avons récupéré, je crois qu'il s'en trouve encore autant dans le ventre de l'épave car il s'agissait de toute évidence d'un navire de grand luxe.

La deuxième épave que nous avons explorée était celle d'un cargo de près de quatre mille tonnes américaines, le *Fermoor*. Il avait coulé près de Chance Cove, à quelque quatre milles de Cappahayden. Nous avons récupéré son hélice mais, pour ce faire, nous avons dû employer de la dynamite. À elle seule, l'hélice qui faisait environ huit mille livres nous rapporta la coquette somme de trois mille dollars. Pendant tout l'été, nous avons plongé dans la région pour explorer une quarantaine d'épaves. Chaque fois que l'un de nous repérait une hélice de bronze, il avait droit à une bouteille de champagne en récompense. Je prenais souvent des bains de mer le long de la côte et je plongeais en apnée, c'est-à-dire muni uniquement de palmes, d'un tuba d'environ trente centimètres, d'un masque et d'une combinaison en néoprène. Il s'agit d'un caoutchouc synthétique non étanche mais léger qui favorise la liberté de mouvement. À compter du mois de juin, la température de l'eau permet de nager avec ce genre de combinaison. J'ai assurément parcouru des centaines de kilomètres ainsi, toujours accompagné d'un membre de l'équipage qui suivait mes déplacements, prêt à intervenir avec du matériel de plongée, en cas d'urgence. J'observais attentivement le fond marin et, chaque fois que j'apercevais un objet en bois ou en fer, je m'arrêtais pour l'étudier. S'il me paraissait intéressant pour quelque raison, je regagnais le bateau pour enfiler scaphandre et je replongeais dans les profondeurs pour y voir de plus près. J'ai fini par connaître la configuration des lieux autour de presque toutes les côtes de Terre-Neuve. Et je pouvais déceler précisément les épaves qui gisaient au fond de la mer.

Un jour que je plongeais en apnée non loin d'une falaise, dans un endroit très sombre, j'ai trouvé une fourchette sur laquelle était gravé le nom *Anglo-Saxon*. Ce navire à passagers s'était englouti en 1863 avec quatre cent quarante-six personnes à son bord. La tragédie avait fait deux cent trente-neuf morts. À la seule vue de cette

*Un manche de fourchette provenant de l'épave de l'*Anglo-Saxon.

fourchette, je fus pris d'un profond malaise mêlé d'une tristesse incompréhensible en l'occurrence. Je me mis à sangloter sans comprendre pourquoi, avec la certitude de m'être déjà trouvé en cet endroit. Je ne pouvais pas m'expliquer ce sentiment. Comment peut-on être autant bouleversé à la vue d'un ustensile de table et croire que l'on s'est déjà trouvé en un endroit alors qu'on y plonge pour la première fois ? Mais j'avais l'intime conviction d'avoir découvert quelque chose d'important, quelque chose qui m'appelait depuis ma plus tendre enfance. Effrayé par cette pensée, je suis vite remonté à la surface. J'éprouvais un grand vide intérieur comme lorsque l'on vient de perdre un être cher. Il me fallait découvrir la raison de ce sentiment qui me nouait l'estomac. Mais le vent se déchaîna avec une telle force que nous avons dû lever l'ancre.

Cet été-là, nous ne sommes pas retournés à cet endroit. Nous avons continué d'explorer les épaves échouées sur le sol marin le long des côtes. Vers la fin du mois d'août, je fis part à Réal de l'histoire d'un vieux pêcheur de Calver qui m'avait raconté que son grand-père collectionnait des doublons et des pièces d'argent qu'il cueillait sur la rive de l'Île du Bois au large de Ferryland. C'était à environ cinq heures de bateau de l'endroit où nous étions. Nous avons demandé au capitaine s'il voulait s'y rendre. Peut-être trouverions-nous une autre épave. À cette idée, il s'empressa d'accepter. Parvenu à destination, j'ai plongé en apnée pour scruter le fond à la recherche d'indices qui auraient révélé la présence d'or ou d'argent. J'ai soudain aperçu quelque chose qui ressemblait à du fer à trente pieds de profondeur. Je suis remonté à bord du bateau pour prendre les bouteilles d'air comprimé afin d'avoir plus de liberté de mouvement. J'ai plongé en direction du fond où j'ai trouvé deux pièces d'argent sous une roche. Je n'en croyais pas mes yeux ! Je les ai fixées attentivement quelques instants pour m'assurer qu'elles étaient réelles, puis j'ai continué de creuser. Quel merveilleux métier que celui de chasseur de trésors ! Je débordais d'enthousiasme. J'arrivais à peine à contenir mon calme et à me concentrer.

Sur le bateau, nous étions tous fous de joie de ma découverte. Le lendemain, Réal et moi sommes descendus au même endroit. Nous avons trouvé trente-cinq pièces d'argent, des réaux — il s'agit d'une ancienne monnaie espagnole valant un quart de peseta — frappés au XVIIIe siècle, et des dollars américains des années 1796 à 1840, quelques clous en bronze et de nombreux ballasts en fonte. Réal dirigeait une petite société montréalaise et c'était le moment d'en dresser le bilan financier et de clore l'exercice. Il devait donc rentrer à Montréal et je l'ai suivi, encore une fois à contrecœur, d'autant que j'avais fait la connaissance d'une très jolie fille à Renews. Notre première rencontre

Des pièces de monnaies espagnoles (réaux).

m'avait chaviré le cœur. Nous étions dans le bistrot du village et je la dévisageais, non seulement à cause de sa beauté, mais parce que son visage me semblait familier. Des images d'un visage semblable surgissaient de mon inconscient. Je la voyais, gisant sur le pont d'un grand voilier, fragile et blessée. Sa crinière rousse indiquait qu'elle n'était pas espagnole, c'est tout ce dont je me souvenais. J'étais profondément confus et troublé. Est-ce que j'imaginais tout ça ? Je me suis enhardi à l'aborder même si je baragouinais l'anglais et qu'elle ne connaissait pas un traître mot de français. Malgré tout, j'ai fini par comprendre qu'elle était venue visiter sa famille. Ses cheveux flamboyaient comme un feu de joie. J'ai tout de suite su que cette fille était pour moi ! Quelque chose, en plus de sa beauté, m'attirait vers elle, comme si je l'avais connue depuis toujours.

Rentré à Montréal en août, je suis retourné à Renews en octobre et j'ai demandé aux pêcheurs s'il était possible de plonger car le temps était particulièrement clément cet automne-là. Bien sûr, j'avais acquis une expérience enviable du métier de plongeur. Selon une légende locale, l'épave à laquelle je m'intéressais désormais était celle d'un négrier qui avait sombré à proximité d'un îlot au large de Renews. Les circonstances du naufrage étaient incertaines. Nous avons récupéré un peu de bronze de cette épave. Les fêtes de Noël approchaient et nous nous sommes arrêtés quelque temps. J'en ai profité pour faire mûrir d'autres projets et le souvenir de l'*Anglo-Saxon* refaisait surface, en particulier les jours de brume. À ce moment-là, les sentiments qui m'avaient bouleversé lors de ma première expédition me troublaient de plus belle. Cette épave m'inspirait de la peur et de la tristesse et j'éprouvais l'envie impérieuse de comprendre de quoi il retournait. J'avais le vif sentiment de connaître l'histoire de ce navire, d'avoir fait partie de son équipage et d'avoir perdu quelque chose ou quelqu'un de très important dans son naufrage. Je ne comprenais rien à cette étrange impression, j'étais soufflé par les sentiments qu'elle m'inspirait et j'ignorais comment chasser ces émotions indésirables.

Des ballast en fonte trouvés près des rives de l'Île du Bois.

CHAPITRE IV

En janvier 1969, j'ai reçu un coup de fil d'un proprié-taire de navires marchands, Frank Puddester, qui me fit une proposition alléchante sur la foi de ma réputation de plongeur. Il connaissait tout de mes explorations au large de Terre-Neuve et de mon intérêt pour les épaves sous-marines; il projetait d'organiser une expédition afin de visiter les différentes épaves de la région. Pour mettre en forme son projet, il ne recula devant rien. Ainsi, il fit l'acqui-sition d'un navire de soixante-cinq pieds de longueur muni d'un treuil capable de soulever une charge de vingt-cinq tonnes. J'ai accepté d'emblée sa proposition et j'ai invité un autre plongeur à se joindre à nous: Bill Murray, un grand gaillard originaire de Halifax au Nouveau-Brunswick, au caractère enjoué et au sourire contagieux.

Nous avons appareillé du port de Saint-Jean à destina-tion de Sydney en Nouvelle-Écosse. Le bateau sur lequel nous nous étions embarqués était spacieux et pouvait loger aisément huit personnes. En plus de nos cabines, nous disposions d'une cuisinette, d'une salle de bains, d'un radar et d'un équipement à la fine pointe de la tech-nologie. Le capitaine, un Néo-Écossais d'environ cinquante ans, d'un calme olympien, avait pêché toute sa vie au large des côtes du Cap-Breton et du Labrador. La navigation n'avait plus de secret pour lui.

La mer était violente en ce mois de janvier. Un passager, l'ancien propriétaire du navire, souffrait terriblement du mal de mer. Il disait vouloir mourir ! Je crois qu'il a vidé trois bouteilles de rhum pendant le voyage, ce qui ne soulagea en rien son malaise. Nous avons fait escale à Saint-Pierre-et-Miquelon, un archipel français entouré d'épaves, qui se trouve à environ quinze milles de Terre-Neuve. Nous étions vraiment heureux de mettre pied à terre ! Sitôt débarqués, nous avons appris que des plongeurs français s'affairaient à explorer les épaves autour des îles. Nous n'avons donc pas plongé à cet endroit. Nous y avons passé trois jours à nous offrir du bon temps et je n'ai pas manqué de m'y faire quelques amis. L'un d'eux me confia avoir contracté la maladie des

Les vagues impressionnantes des côtes de Terre-Neuve.

caissons par cent cinquante pieds de profondeur, ce qui expliquait la paralysie dont il était atteint sur tout le côté gauche. J'eus aussitôt une pensée pour mon ami de Halifax qui travaillait à cent quarante pieds de profondeur pour sortir des blocs de nickel d'une épave. Après trois séjours sous l'eau au cours d'une même journée, il avait éprouvé les symptômes de cette maladie qui atteint les plongeurs professionnels. La marine l'avait aussitôt envoyé à Halifax mais il était déjà trop tard. Il demeura paralysé, devant se déplacer en fauteuil roulant le reste de ses jours.

Au cours des jours qui suivirent, la météo se montra plus favorable et nous avons repris la route. Cette fois, nous longions la côte. Le capitaine n'avait pas l'habitude des eaux côtières dans lesquelles mouillaient quantité de filets de pêche et il n'a pu éviter que l'un d'eux ne s'emmêle à l'hélice du bateau. En arrivant au quai de Saint-Jean, j'ai vite pris mes bouteilles et je suis descendu vérifier que l'hélice n'était pas endommagée. J'eus cependant la surprise de ma vie en atteignant le fond de l'eau. Je me suis retrouvé face à un noyé! Chaussé de grosses bottes de pêche, il semblait me dévisager. En apercevant ses yeux grands ouverts qui me regardaient, j'ai senti monter en moi un long frisson. Je ne crains pourtant pas les morts mais je n'aime pas être ainsi surpris. Le capitaine prévint la police et Bill Murray descendit à ma place passer une corde autour de la taille du noyé afin de le remonter. Nous sommes retournés au quai où les autorités policières nous attendaient et leur avons remis le corps qui fut transporté à la morgue. J'ai appris par la suite qu'il s'agissait d'un

Français dans la vingtaine qui avait été porté disparu un mois plus tôt.

Cette mésaventure ne nous démotiva pas et nous sommes allés de l'avant avec l'expédition. Nous procédions à des fouilles à l'intérieur de carcasses de navires que j'avais déjà visitées et les trouvailles intéressantes se faisaient rares. Sur le plan financier, les bricoles ramassées suffisaient à peine à couvrir nos frais. Inutile de préciser que le moral des hommes s'en ressentait. Un jour, un pêcheur m'apprit qu'une épave gisait à l'entrée du port de Saint-Jean à quelque trois cents pieds. Il était toutefois impossible de plonger à une telle profondeur. En étudiant avec soin la carte de la région, j'ai constaté qu'un rocher affleurait à environ soixante-dix pieds du rivage. Je fis le pari que l'épave pouvait se trouver entre la rive et ce rocher. Le capitaine releva le pari et nous avons convenu de nous rendre à cet endroit le lendemain de bonne heure.

À six heures du matin, nous nous y trouvions. J'ai sauté à l'eau le premier. Il m'a fallu peu de temps avant d'apercevoir ce que je cherchais: un navire à la coque cassée, dont la chute avait pris fin dans un grand fracas. Je me suis dirigé vers l'arbre moteur pour découvrir qu'il était doté d'une immense hélice de bronze. Je suis aussitôt remonté à la surface avec le sourire d'un gagnant à la loterie.

L'étape suivante a consisté à préparer la charge de dynamite; une douzaine de bâtons suffiraient, en plus de la dynamite en corde en guise de charge d'amorce. Par précaution, j'en ai prévu une caisse de plus qui pourrait servir le cas échéant. Sans tarder, je suis redescendu afin de déposer les douze bâtons de dynamite sous l'écrou à l'avant de l'hélice, puis la charge d'amorce, pour ensuite revenir au bateau. Le capitaine déplaça le navire à bonne distance de l'endroit de la déflagration, mit le contact et la détonation ne se fit pas attendre. L'eau remua dans un grand boum qui effraya les mouettes d'ordinaire effrontées.

Je suis redescendu plus tard sur les lieux de l'explosion pour constater que l'hélice était dégagée de l'arbre. J'ai donné le signal convenu afin que mes compagnons acheminent vers le fond les câbles que je devais attacher à l'hélice. Il s'est avéré qu'elle pesait sept tonnes. J'ai ensuite dégagé le condenseur qui sert à dessaler l'eau de mer pour la rendre potable. À l'intérieur d'un condenseur se trouvent des tas de tuyaux de bronze, d'où son intérêt pour nous. Il pesait près de six tonnes. Nous avons vendu nos prises au ferrailleur Jeckerman installé près du quai de Saint-Jean, qui se montra ravi de les acquérir. Il nous en a offert douze mille cinq cents dollars. Cette épave nous a donné du travail aussi amusant que rentable pendant un mois. Nous avions beaucoup de temps libre et beaucoup d'argent à dépenser. Nous avons fait la fête pendant une semaine dans les discothèques de la capitale terre-neuvienne.

Après cet épisode, nous nous sommes occupés d'explorer d'autres épaves mais l'hiver progressait et le froid ralentissait nos efforts. Nos combinaisons de néoprène, loin de nous tenir chaud, nous mettaient en contact direct avec le froid. De retour sur le navire, je grelottais des heures durant sur le pont. Le vent me glaçait le sang. Cet hiver-là, nous avons découvert un vieux navire dans la baie de Bay Bulls, qui devait dater du XVIIIe siècle, selon notre évaluation. Nous devions cette découverte au hasard car, en réalité, nous nous étions aventurés à cet endroit dans l'espoir de trouver des avions engloutis. Nous plongions à soixante-dix pieds de profondeur. L'épave contenait des vases en céramique et des ustensiles mais rien de cela ne nous intéressait vraiment.

Plus tard au cours de ce même hiver, j'ai exploré les vestiges d'un autre bateau armé de cent vingt canons celui-là. À près de quatre-vingts pieds de la surface, j'ai trouvé des pièces et quelques ustensiles de cuisine en argent. Non loin de la côte, sous une vingtaine de pieds d'eau, j'ai ramassé des tas de munitions en laiton qu'avaient déchargées des fusils à poudre. De toute évidence, un combat avait fait rage en ces lieux. Mais l'hiver, à proximité des côtes, les flots sont très agités et la prudence m'indiquait de renoncer à plonger en attendant le retour des beaux jours. J'ai donc mis fin à mes recherches pour la saison froide en me promettant cependant de revenir à cet endroit, car le sol était censé être jonché de doublons.

Entre-temps, nous étions à la recherche de bateaux à vapeur qui avaient coulé par le fond parce que ces épaves recelaient du bronze et du cuivre qu'il nous était facile de vendre afin de défrayer le coût de l'expédition et d'avoir un peu d'argent de poche. Nous avons repris la mer pour nous intéresser cette fois à un navire échoué non loin de

Une bouteille trouvée à Bay Bulls.

Bay Bulls. Le capitaine et moi y étions déjà allés et nous y avions récupéré d'énormes tuyaux de cuivre qui valaient leur poids en argent comptant. Il s'agissait de l'endroit idéal pour faire de la plongée sous-marine en hiver, à vingt minutes à peine du quai. Les pêcheurs de la baie se montrèrent généreux et nous aidèrent à repérer les épaves. À vrai dire, je n'ai jamais rencontré un pêcheur qui ne soit généreux et désireux de prêter main forte à qui en a besoin. Les pêcheurs sont un peu ma famille élargie. Je me suis toujours facilement lié d'amitié avec ces gens. La camaraderie et l'entraide sont des valeurs que nous avons en commun.

Au printemps de 1969, un type rencontré dans un bar m'apprit l'existence d'une épave imposante au large de Musgrave Harbour. Un pêcheur de l'endroit pouvait lui indiquer son emplacement exact, quelque part aux alentours de Fogo Island. Une nouvelle aventure allait commencer! Nous avons loué un bateau à un pêcheur de l'endroit pour aussitôt entreprendre des recherches à cent

pieds de profondeur. Nous avons parcouru les fonds marins pendant trois jours à la recherche du vaisseau disparu pour enfin découvrir son pont avant à quatre-vingt-cinq pieds de profondeur et sa cale à cent dix pieds. Il s'agissait d'un grand navire de six cents pieds de longueur qui avait été coulé au cours de la dernière guerre, emportant avec lui une cargaison d'oxyde de zinc. Mon compagnon de plongée — un ancien plongeur de la marine canadienne prénommé Victor qui en avait pourtant vu d'autres — et moi sommes restés médusés devant ce monstre imposant. À elle seule, l'hélice de bronze pesait douze tonnes. Ni lui ni moi n'en avions vue d'aussi grosse! Il était impossible de la sortir de l'eau en raison de sa taille et de son poids. Nous sommes donc rentrés au port dans l'intention de louer un bateau suffisamment puissant pour la bouger de là.

Nous avons trouvé ce que nous cherchions à Saint-Jean: un dragueur de soixante-quinze pieds, entièrement équipé du matériel nécessaire. Étant donné que ce n'était pas la saison de la pêche, nous n'avons eu aucun mal à convaincre le capitaine de nous accompagner, moyennant la promesse de lui verser le tiers du bénéfice que rapporterait l'expédition. Il accepta avec empressement. Il fallut vingt-cinq heures de navigation avant de parvenir à destination.

Victor plongea le premier pendant que je préparais la charge de dynamite. Je l'aidai à descendre l'explosif à l'aide d'une corde. Après avoir précautionneusement fixé la charge à l'hélice, je me suis mis à l'abri avec les autres et j'ai activé le détonateur. L'hélice se dégagea et nous en avons détaché deux pales que nous avons remorquées de chaque côté du bateau pour faire contrepoids. Mais la partie n'était pas gagnée. Il nous restait encore deux heures de navigation avant de rejoindre le quai. Un danger nous guettait, car si l'un des câbles cédait, le bateau allait inévitablement chavirer en raison du lourd fardeau qu'il traînait. Mais rien de tel ne se produisit. Nous avons consacré la journée à sortir les hélices de l'eau. Il nous a fallu retourner deux autres fois sur les lieux de l'épave pour récupérer les autres pales. Puis, nous y sommes retournés une dernière fois pour prendre l'hélice de rechange qui pesait neuf tonnes. Contrairement à certains bateaux qui n'en possèdent aucune, celui-ci en avait deux. Contents

Une hélice d'épave de 12 tonnes.

d'une telle prise, nous avons ramené les hélices au port à une vitesse de croisière d'un mille à l'heure.

Pour effectuer ce travail, nous avons dû plonger à cent dix pieds de profondeur. Mais on ne peut rester longtemps à une telle profondeur sans encourir de graves risques. Des paliers de décompression doivent ponctuer la remontée. J'aurais pu être touché par la maladie des caissons à de nombreuses reprises ; je ne comprends d'ailleurs pas comment j'y ai échappé. Cela tient du miracle ou alors un dieu veillait sur moi. Je manipulais également beaucoup de dynamite. J'en ai fait sauter des tonnes dans l'eau glacée des mers du Nord et aucun incident fâcheux n'est survenu.

Nous avions fini de récupérer les éléments de cuivre de cette épave. Toutefois, les pales des hélices se trouvaient toujours sur le quai que nous devions dégager. C'est alors que je fis la connaissance de John Stephens, un autre ferrailleur qui achetait de vieux bateaux afin de récupérer les pièces de métal qu'il pouvait vendre par la suite. C'était un géant aux cheveux coupés en brosse qui avait le physique d'un boxeur et l'allure d'un homme d'affaires. Il possédait un vieux bateau de la marine, le Breton II, qui avait été construit à Chaton en Angleterre en 1884. En compagnie d'un autre plongeur de Halifax, il était parvenu à en extirper des tonnes de bronze. John était désireux d'acheter nos hélices. Il fit amener une grue mécanique de Grand Fall avec laquelle nous avons tenté de soulever les pales, mais en vain. La grue n'était pas assez puissante. Il fallut en louer une deuxième pour arriver à dégager le quai mais nos efforts furent récompensés car la vente de ces hélices nous rapporta une somme rondelette.

Cet argent arrivait à point nommé car je devais alors me rendre auprès de mon épouse qui allait donner naissance à notre fille. Nous nous étions mariés à Montréal neuf mois auparavant, en septembre 1969. Elle m'avait suivi à Musgrave Harbour pendant quelque temps avant de retourner à Renews chez ses parents passer les derniers mois de sa grossesse. C'est là que j'allais la retrouver.

John Stephens, avec qui j'ai collaboré durant plusieurs années.

CHAPITRE V

L'hiver avait étendu son froid et sa grisaille sur les îles lorsqu'une société établie à Halifax prit contact avec moi. Le propriétaire de cette entreprise ne m'était pas entièrement inconnu ; un ami commun, capitaine au long cours, nous avait présentés l'un à l'autre lors d'une soirée bien arrosée à Saint-Jean. L'alcool déliant les langues, je lui avais parlé d'une autre expédition qui me semblait prometteuse et qui consistait à dégager des tonnes de fer d'une épave échouée au large de Cappahayden. Mon projet avait piqué la curiosité de ce type qui se montra intéressé à y participer.

Je me suis donc rendu à Halifax pour mettre en forme le projet et discuter des détails. L'affaire fut vite conclue et j'ai signé le contrat qu'on me proposait, en vertu duquel je devais toucher trente pour cent du bénéfice de la vente du fer. L'entreprise prit en location un bateau de pêche de cinquante pieds amarré à Rose-Blanche, un petit village voisin de Port aux Basques. L'équipage était composé du capitaine, un habitant de Rose-Blanche qui pêchait les pétoncles et la morue, d'un de ses hommes, un pêcheur de quarante ans qui connaissait bien son métier, et de deux plongeurs de la marine canadienne venus de Halifax, désireux de passer leur mois de vacances à bord. Ces deux gaillards étaient des durs que rien n'effrayait et nous avions besoin d'eux, car une rude tâche nous attendait.

Afin de dégager les masses de fer, il fallait dynamiter les débris et la carcasse qui les retenaient prisonnières. Nous manipulions chaque jour une quantité impressionnante de dynamite. Par la suite, nous remontions ces masses de fer de plus d'une demi-tonne à laide d'un treuil. Il arrivait parfois que celles-ci se détachaient et chutaient à une vitesse vertigineuse en notre direction. Il fallait donc se montrer très prudents. Ce travail n'était pas pour des amateurs. Personne n'aurait survécu à un tel choc. J'ai bien failli l'apprendre à mes dépens un jour que l'un de ces blocs atterrit près de moi, dans un brusque déplacement d'eau qui m'emporta.

Une explosion causée par un dynamitage sous-marin.

Après la journée de travail, nous allions passer la soirée à Fermeuse, un village voisin de Renews, car s'y trouvait le seul quai de la région où le palangrier pouvait accoster. Mais nous n'étions pas là pour nous amuser; nous avions un contrat en poche et il fallait l'honorer. Nous devions retirer trois mille tonnes de fer de l'épave et nous en étions alors au tiers de l'ouvrage. À raison de cent soixante-quinze dollars la tonne, au prix en vigueur, nous réaliserions une jolie somme. Toutefois, pour que les frais de transport de ces trois mille tonnes ne soient pas prohibitifs, nous devions les acheminer en une seule cargaison.

La perspective de nous mettre du fric plein les poches ne devait pas nous faire oublier le danger de l'entreprise. Un jour, l'un de mes compagnons de travail resta coincé sous une feuille de fer et, en s'efforçant de se dégager, il tordit son régulateur de plongée. Il venait de dynamiter la zone et il était aveuglé par l'opacité de l'eau blanchissante. Mais, après les premiers moments de surprise et de panique, il se ressaisit assez rapidement et reprit le contrôle de la situation. Il faut dire qu'après un dynamitage sous l'eau, la situation est assez dangereuse. L'on n'y voit presque plus et il faut attendre que l'eau redevienne claire. Le relief du fond se trouve soudain modifié; les différents objets s'éparpillent et les feuilles de fer, qui peuvent peser jusqu'à cinq tonnes, volent dans les environs, flottent librement et peuvent nous atteindre.

Un soir que nous étions en boîte à Fermeuse, un incendie a détruit notre bateau ancré à l'épave et il coula à pic. On a cru que du gaz échappé à proximité du compresseur, ainsi que cela survenait souvent, avait été à l'origine du sinistre. Nous nous retrouvions sans navire et sans compresseur et nous n'avions pas assuré ce dernier. Il est impossible de plonger sans être doté d'un compresseur car on ne peut emplir les bouteilles d'air comprimé. Un sentiment d'impuissance, doublé d'un coup de déprime, s'empara de moi et je baissai les bras. Qu'allions-nous faire ? Sous le choc du désespoir, nous avons été contraints de mettre un terme à nos activités pendant quelque temps.

Étant donné que je ne suis pas homme à essuyer un revers sans réagir, j'ai vite retrouvé mon courage et ma détermination à aller de l'avant. « Il suffit de vouloir pour pouvoir », me suis-je répété souvent. Les plus grandes vérités sont parfois les plus simples à énoncer. J'avais toujours des trésors plein la tête et je n'allais pas y renoncer à cause d'un coup du sort. Je n'avais pas encore entrepris de démarches à proprement parler en ce sens et je n'avais encore rien fait pour réaliser ce rêve. Je sentais qu'il était temps de m'y mettre.

Au printemps de 1970, mon ami John Stephens, à qui j'avais parlé de mon projet, se porta acquéreur d'un magnifique bateau de cinquante-huit pieds, doté d'un radar, baptisé *Clarence and Walter*. Six personnes pouvaient y loger, et il comprenait une cuisinette et des cabinets dans la cabine de pilotage. Mais je n'étais pas encore prêt à partir en mer car ma femme était sur le

Le Clarence and Walter.

70

point d'accoucher. Je décidai donc de me rendre à Musgrave Harbour pour terminer un travail que j'avais entrepris. Curley, un vieux plongeur endurci, vint me prêter main forte. Il avait exploré des centaines d'épaves au large de la Nouvelle-Écosse et n'avait pas froid aux yeux. Nous avions en tête une épave qui gisait à l'entrée du port de Saint-Jean et qui allait me procurer un peu d'argent de poche avant la grande aventure.

Je me trouvais sur le quai à Saint-Jean occupé à réparer le moteur d'un bateau quand je vis accourir quelqu'un dans ma direction pour me demander de téléphoner sans tarder à mon père à Montréal. Deux de mes frères avaient été impliqués dans un accident d'automobile. Sans détour, mon père m'apprit que Roger était mort et que Yves était dans le coma. Une tonne de fer venait de s'abattre sur moi ! J'étais anéanti de chagrin. Je perdis contact avec la réalité quelques instants. C'était trop de douleur. Roger était d'un an mon cadet et nous étions très bons amis. Il projetait de venir à Terre-Neuve travailler avec moi mais, comme il était marié et père de deux enfants, ça compliquait un peu les choses. Lorsque j'ai annoncé la nouvelle à ma femme, elle s'est mise à pleurer à chaudes larmes. Mais il fallait la ménager car elle était sur le point d'accoucher. Elle connaissait mes frères pour les avoir rencontrés lors de notre mariage. La mort de mon frère m'a porté un dur coup. J'avais mal plus que je ne l'aurais cru possible. J'ai fait un voyage éclair à Montréal pour assister à ses funérailles.

Mon père m'attendait à l'aérogare. Le cœur comprimé, j'ai éclaté en sanglots dans ses bras. La douleur se lisait dans ses yeux. Il avait l'allure d'un vieillard qui n'a connu que la tristesse dans toute sa vie. En route, nous avons peu parlé. Nous nous sommes rendus au salon funéraire où je retrouvai les autres membres de la famille et Roger dans son cercueil, devant le regard vide de son fils de deux ans, et sa fillette de huit mois. Et tous ces gens vêtus de noir pour dire leur désarroi devant l'une des énigmes de l'existence. J'eus soudain un malaise. Des images de bonheur défilaient dans ma tête, de moments qui ne reviendraient plus, de réalisations inachevées.

Le matin des funérailles, alors que je me recueillais une dernière fois devant le cercueil de mon frère, l'entrepreneur des pompes funèbres vint discrètement me prévenir que j'étais demandé au téléphone. M'excusant auprès des visiteurs, je l'ai suivi à son bureau pour aussitôt reconnaître la voix de ma femme à l'autre bout du fil. Elle pleurait, mais de joie cette fois. « Nous avons une petite fille ! » s'exclama-t-elle. Elle s'empressa de me raconter combien l'accouchement avait été difficile, tant sur le plan physique que psychologique. Elle souhaitait me voir sans plus tarder. J'étais mal à l'aise de l'avoir laissée seule dans un moment aussi important de la vie d'un couple et je m'en excusai. Je m'en voulais de n'avoir pas été à ses côtés. Après la messe de requiem, j'ai annoncé à ma famille que j'étais l'heureux père d'une fillette et que je rentrais à Terre-Neuve le jour même. Nous éprouvions une grande joie et un grand chagrin le même jour. Décidément, la vie est faite de contrastes !

Mon ami John, qui m'attendait à l'aéroport de Saint-Jean, me conduisit à l'hôpital. J'étais heureux de revoir ma femme qui m'emmena vite à la pouponnière voir l'enfant que je pris dans mes bras. Du jour au lendemain, le loup de mer, le pirate amateur, se retrouvait dans le rôle de père. La petite ignorait tout de la charge émotive de cette journée mais l'amour que je sentis surgir en moi à ce moment-là allait m'aider à surmonter mon chagrin.

CHAPITRE VI

Après quelques jours de repos auprès de ma femme et de la nouvelle-née, je suis retourné à Musgrave Harbour rejoindre l'équipe qui m'attendait. Ma présence était nécessaire pour que reprenne le travail. Ma tâche consistait à éventrer des moteurs, à la dynamite, pour en extraire les éléments de bronze et de cuivre qui se trouvaient à l'intérieur. Nous devions travailler à quatre-vingt-dix pieds de profondeur. Il fallait se méfier d'un orifice béant qui trouait la coque car il recelait une grande quantité d'oxyde de zinc, lequel dégage une poussière safranée qui forme un nuage sous l'eau. Nous ne pouvions pas y voir à deux pas devant. Après la secousse de l'explosion, nous étions entourés d'une volée d'éclats de fer dont il fallait nous parer, qui nous obligeaient à nous contorsionner. J'ai bien failli rester au fond de l'eau lorsqu'une feuille de fer vint atterrir sur l'une de mes palmes qui resta coincée sous le poids. J'ai tenté de la dégager sans succès et il m'a fallu remonter à la surface avec une seule palme. Par chance, la feuille n'avait pas touché mon pied car, autrement, je ne serais jamais remonté. Le métier de plongeur comporte des risques ; chaque instant le danger nous guette mais quelqu'un, quelque part, semblait veiller sur moi.

Nous avons plongé chaque jour sans autre incident jusqu'à la fin de l'été, puis l'automne nous obligea à ramener le *Clarence and Walter* à quai en prévision de la saison froide. Peu après, une connaissance de John Stephens vint nous rencontrer à l'hôtel où nous logions à Lewisport. L'homme nous parla d'une autre épave, celle d'un bateau de guerre coulé en 1942, à l'Anse-Amour dans le détroit du Labrador. Il s'y était déjà aventuré quelque temps auparavant en compagnie de plongeurs québécois. « Qu'est-ce qui se trouve à bord ? lui demandai-je.

—J'y ai vu des canons, dont la gueule est très luisante.

—En monel ? »

Le monel est un alliage de cuivre et de nickel qui résiste à la corrosion et nous en tirerions un excellent prix. Si les canons qui reposaient au fond du détroit étaient faits de cet alliage, nous pourrions toucher quelque cent mille dollars à la fin de l'expédition ! Le type ne pouvait pas le confirmer. Ne voulant pas laisser filer une telle occasion, John et moi avons loué un Cessna pour nous rendre sur-le-champ à Gander sur l'île de Terre-Neuve. Nous avons emporté les bouteilles de plongée et un peu de matériel. Après trois heures de vol, l'amerrissage fut plutôt mouvementé. Le petit appareil se posa avec force sur l'eau de la baie. Pris d'une violente secousse, il fit quelques embardées qui me donnèrent une bonne frousse avant de s'immobiliser.

Nous avions loué à un type de la région un camion d'une demi-tonne. Celui-ci nous conduisit le long de la côte, à l'endroit où nous pourrions retrouver l'épave.

Même si nous n'avions pas de bateau, je décidai de plonger. L'entreprise s'annonçait difficile à cause de la force du courant et des vagues. J'ai sauté du haut d'un escarpement rocheux pour ensuite nager sous l'eau jusqu'au navire échoué. J'ai vite repéré les canons qui nous intéressaient ; à l'aide d'une scie à métal j'en ai récupéré un échantillon que j'ai glissé à l'intérieur d'un de mes gants. Lorsque je suis remonté à la surface, la houle était si violente que j'étais propulsé contre les rochers. Bientôt, la sangle des bouteilles s'enroula autour de mon cou et commença de m'étrangler. Les vagues formaient un tourbillon qui m'aspirait vers le fond de l'eau. J'ai encore cru que ma dernière heure était venue. J'ai néanmoins réussi à détacher ma ceinture lestée qui coula au fond. John, qui avait assisté impuissant à la scène du haut de la falaise, me passa une corde à laquelle j'ai attaché mes bouteilles. Il m'aida à me hisser hors de l'eau. J'ai retrouvé mon souffle, vérifié que je n'étais pas blessé, et nous sommes retournés à l'avion biplace pour rentrer à Gander. Nous avons fait analyser l'échantillon de métal que j'avais recueilli sur l'épave, il s'avéra sans valeur. On ne découvre pas un trésor à tout coup !

À l'automne, John fit l'acquisition de nombreux bateaux pour en récupérer la ferraille. Mon expérience lui était précieuse au chapitre de l'évaluation des épaves en ce qui concerne la récupération des métaux. Ainsi, à partir d'un navire de dix mille tonnes, j'étais en mesure d'évaluer, à une tonne près, le poids des métaux semi-précieux qu'il contenait. Un observateur étranger pourrait croire que celui qui jauge de telles quantités de cuivre et de bronze peut amasser une petite fortune. Or, le métier de chercheur de trésors n'est pas le mieux rémunéré. Les frais relatifs à l'occupation sont très élevés et je parvenais tout juste à gagner suffisamment pour pouvoir subsister pendant les périodes d'inactivité.

Soit je ne travaillais pas, soit j'étais loin de ma famille. Mes absences étaient longues et nombreuses et ma femme en souffrait. Bientôt j'eus droit à ses reproches, mérités je dois dire, car je les négligeais, elle et notre fille. Elles se sentaient abandonnées, parfois rejetées. Lorsque j'étais présent à la maison, j'avais l'esprit ailleurs, quelque part au fond de l'océan. Ma femme s'occupait seule de l'éducation de notre fillette, confinée dans un petit village perdu, ne sachant jamais si elle me reverrait vivant. Elle a vécu ces années dans l'insécurité et la solitude, et moi, craignant d'ajouter à son insécurité, je ne lui confiais pas toutes mes aventures. Peu à peu, la distance avait fait son œuvre et désormais le courant passait mal entre nous. Nous vivions dans deux univers différents...

J'aimais bien l'existence que je menais et jamais je n'avais laissé quiconque guider mes choix ou décider à ma place des orientations que devait prendre ma vie. Je n'allais pas commencer à présent que j'approchais du but. Si j'avais suivi les conseils de mon entourage, j'aurais souvent renoncé au métier de plongeur et à ma passion pour la chasse aux trésors. Avec le temps, j'en suis venu à comprendre que certains individus se présentent sur notre route simplement pour éprouver notre volonté. Les gens prudents vous décourageront de vous rendre au bout d'une passion, peut-être parce qu'eux-mêmes ont renoncé à la leur.

En janvier, cet hiver-là, j'ai plongé en compagnie d'un pêcheur de Portugal Cove South. C'était un grand gaillard dont les mains qui faisaient le double des miennes avaient l'habitude de tirer des filets de pêche. À le voir remonter les métaux du fond à l'aide d'une simple corde, on devinait qu'il était fort comme dix hommes. Il possédait ce que les Terre-Neuviens appellent un skiff, c'est-à-dire un bateau ouvert servant à la pêche à la morue. L'épave que nous projetions d'explorer se trouvait à deux heures de navigation de Portugal Cove South. Il s'agissait du *Kristianiafjord*, un cargo de plus de dix mille tonnes qui avait coulé à Bob's Cove durant la Première Guerre mondiale. Sitôt arrivé à l'emplacement du naufrage, j'ai enfilé mon vêtement isothermique et j'ai plongé sans plus tarder dans l'eau glacée. J'ai retrouvé à environ quarante pieds de profondeur le *Kristianiafjord* que j'avais exploré auparavant. Il transportait une cargaison de plomb, dont j'avais déjà retiré une soixantaine de tonnes, mais il en restait environ deux cents autres qui doivent encore s'y trouver. Avis aux intéressés ! J'ai descendu la corde à laquelle étaient attachées des pesées de plomb pour y fixer des blocs de cent livres. Je tirais trois coups sur la corde ; c'était le signal convenu pour faire remonter le fardeau. Nous travaillions avec peu de matériel ; une barre de fer me servait à dégager les blocs que le pêcheur remontait à la force de ses bras. Nous avons ainsi récupéré environ trois mille livres de plomb.

J'étais remonté sur le pont du bateau et nous retournions à Portugal Cove South. Le vent qui soufflait sur ma combinaison détrempée transformait l'eau en glace et je grelottai deux heures durant en tentant de me réchauffer dans un coin. Je me couvrais parfois d'une bâche comme d'une couverture, mais le froid devenait de plus en plus intense. Aussitôt revenu au quai, je me suis précipité à la maison du pêcheur pour enlever ma combinaison de plongée et me réchauffer près du poêle. J'avalai un café brûlant et une demi-heure plus tard, je chargeais les blocs dans ma camionnette et je prenais la route en direction de Saint-Jean pour les vendre à un ferrailleur. La transaction m'a rapporté environ trois cents dollars ; j'en remis le tiers à Richard. En 1971, on pouvait subsister à ses besoins pendant toute une semaine avec une telle somme. Lorsque nous manquions d'argent, j'allais récupérer quelque métal dans une épave que je vendais par la suite. Sauf que j'ai appris à me méfier des commerçants. Tous n'ont pas le même sens de l'honneur et de l'éthique. Ainsi, au cours de l'exploration du *Kristianiafjord*, j'avais récupéré des blocs d'antimoine. Il s'agit d'un composé qui augmente la dureté des métaux auxquels on l'intègre. Je l'ignorais alors mais la livre d'antimoine se vendait 1,75 $. Le ferrailleur m'en offrit dix cents. Étant donné que nous avions désespérément besoin d'argent, je consentis à lui en vendre deux mille livres à raison de deux cents dollars. Je me suis fait arnaquer comme un débutant. Dans ce métier, il faut bien connaître le prix des métaux et des alliages.

En mars, cet hiver-là, je me suis rendu à Halifax pour confier à John mon projet d'explorer les épaves gisant au large des différentes côtes terre-neuviennes afin d'en extraire les pièces d'importance, hélices, condenseurs, arbres moteurs, qui rapportaient gros. Ainsi, l'hélice d'un cargo de cinq mille tonnes pesait jusqu'à cinq tonnes et sa vente pouvait rapporter jusqu'à trois mille deux cents dollars. J'étais en mesure d'embaucher un bon capitaine pour diriger l'expédition. Je fis appel à la participation financière de John. Après une discussion avec son épouse Dorothy, qui s'occupait des finances de l'entreprise, il en vint à la conclusion que l'investissement était prometteur. Son fils John, qui avait entendu la discussion, se mit à rêver de chasse aux trésors, mais il était trop jeune pour nous suivre en mer.

CHAPITRE VII

Mes amis John et Dorothy avaient accepté de subventionner l'expédition et une nouvelle aventure allait commencer. Pendant qu'ils s'affairaient au montage financier, je me suis chargé d'embaucher les membres de l'équipage. J'ai eu la chance de pouvoir recruter le meilleur capitaine que j'ai connu, un dénommé Phil Roche, qui habitait également à Renews. Phil était un vrai loup de mer qui connaissait son métier d'autant mieux qu'il avait fréquenté l'école de navigation. Plus d'une fois, il m'a sorti de situations périlleuses où, sans lui, j'aurais laissé ma peau. En une dizaine d'occasions, alors que mon compresseur d'air ne fonctionnait plus, Phil s'était trouvé au bon endroit au bon moment afin de me signaler de vite remonter à la surface. Il avait grand cœur et veillait au bien-être des hommes de l'équipage comme s'ils avaient été ses enfants. Pareillement à un pilote d'avion, chaque matin il s'assurait que son bateau était en bon ordre. Surtout, il ne parlait jamais pour ne rien dire, ce qui donnait plus d'autorité à ses paroles.

Les autres membres de l'équipage — Alex et Embrose Nepper — étaient originaires de Lewisport où mouillait le *Clarence and Walter*. Nous avons profité de la marée haute

pour le ramener à terre afin de colmater les joints d'é-
tanchéité. Nous avons refait le pont à l'aide de panneaux
de contreplaqué, que nous avons ensuite étanchés avec du
goudron; nous avons réparé le monte-charge et réamé-
nagé chacune des cabines. Le capitaine se montra fort
heureux du travail accompli. Ce bateau représentait beaucoup pour lui; il le bichonnait comme il l'aurait fait d'une
décapotable d'un modèle rare. Nous étions tous prêts à
partir pour la grande aventure, fébriles devant l'immi-
nence de notre départ. Mais il nous fallait patienter le
temps que fondent les glaces qui entravaient la navigation
dans la baie. Lorsque ce fut chose faite, le capitaine mit le
cap sur le sud de Terre-Neuve.

La première épave à laquelle nous nous sommes
intéressés fut celle d'un vieux bateau de bois échoué au
large de Carmanville. Nous en avons sorti une petite hélice

Le capitaine Phil Roche.

pesant quatre cents livres, un peu de bronze et de vieilles bouteilles de champagne millésimées 1800, dont quelques-unes contenaient encore leur vin estimé. Mes compagnons étaient déjà heureux de leur pêche mais, pour ma part, les bouteilles d'alcool présentaient peu d'intérêt. J'ai simplement saisi une clochette sur laquelle était gravé le nom du bateau que j'ai offerte au pêcheur de Carmanville qui nous avait orientés vers cette épave.

Nous sommes revenus à Twilingate afin d'y explorer une épave qui semblait prometteuse mais qui s'avéra décevante. Des pêcheurs l'avaient déjà vidée de son contenu. J'y ai récupéré seulement deux hublots en bronze. Le temps était radieux et la mer était belle lorsque nous avons fait escale à Fogo Island. J'en profitai pour discuter avec Pat Miller, un type qui exploitait un traversier. Il me désigna quelques épaves qui me semblèrent inintéressantes sur le coup. Nous avons repris la route et sommes redescendus à Bonavista. Nous y avons exploré un bateau de pêche qui avait sombré quelques années auparavant. J'en repêchai un condensateur plus moderne que ceux que j'avais trouvés jusque-là et des plaques d'aluminium provenant de la cabine de pilotage. L'aluminium valait peu à cette époque. Je ne me suis donc pas éternisé sur les lieux.

Un jour, un vieux pêcheur monta à bord et me parla d'une épave censée contenir de très vieux canons. Il me confia que, du temps de sa jeunesse, les jours de beau temps, il avait vu le bronze briller à la surface de l'eau. Du coup, le vieux avait piqué ma curiosité et je décidai de m'intéresser à ce bateau. Mais, après deux jours de recherche, je n'avais encore rien trouvé. Las et découragé, j'allais abandonner quand, tout à coup, j'aperçus une vieille ancre sur le fond. J'ai vite plongé pour aussitôt distinguer des morceaux de fer, deux canons et des éléments de bronze coincés entre les rochers le long de la falaise. Mais ils gisaient trop en profondeur pour que je me risque à y descendre. Je remontai sur le bateau afin d'étudier la carte. La sonde indiquait cent soixante à cent quatre-vingts pieds, ce qui était vraiment trop profond pour le type de matériel dont je disposais. Je reste convaincu qu'il se trouve d'autres canons et peut-être beaucoup de pièces d'argent à cet endroit. À ma connaissance, aucun autre plongeur ne connaissait cette épave située entre le cap Bonavista et Spillars Cove.

Par la suite, nous nous sommes arrêtés à Greatest Point où un marin me parla d'une autre épave. Je suis descendu en longeant la falaise. Lorsque j'eus atteint cent vingt pieds, mes yeux furent attirés par deux énormes pièces de cuivre. J'avais déjà aperçu ce genre de pièce à St. Shotts dans le passé. Je me suis ensuite rendu à l'île Baccalieu où j'ai repéré une autre épave, mais nous étions à la brunante et il faisait trop sombre pour nager sous l'eau. De plus, la profondeur à laquelle je me trouvais était telle que la prudence m'ordonnait de ne pas m'attarder dans cette zone.

Nous avons ensuite fait route en direction de Carbonear afin de plonger vers quelques épaves. De ces fouilles nous avons recueilli des tuyaux, des valves et des robinets, des objets en bronze, tout ce que nous pouvions récupérer sans difficulté. Le poisson abondait à cet endroit. J'y ai vu un loup de mer, ce poisson vorace, comestible, semblable à une anguille, avec une tête énorme et des dents telles qu'il vous arracherait la main d'un seul coup de mâchoires.

Lors d'une descente au fond de la mer, je me suis retrouvé face à face avec un de ces monstres. Il mesurait de quatre à cinq pieds et il me toisa de ses gros yeux ronds comme des billes. Je craignais qu'à trop m'approcher il ne m'arrache un doigt ou ne fasse une bouchée de ma chair. J'ai déguerpi aussi vite que j'ai pu ; je n'ai jamais nagé aussi rapidement à reculons. Cependant, j'avais aperçu un gros robinet de bronze juste à côté du loup de mer qui devait valoir au bas mot deux cents dollars. Je suis remonté au bateau pour prendre de la dynamite afin de le déloger sans trop de difficulté. J'attachai le bâton de dynamite à une corde dotée d'un détonateur pour ensuite le faire descendre à environ dix pieds de mon ennemi. Le loup de mer tenta de mordre le bâton de dynamite. Je remontai de nouveau sur le bateau pour appuyer sur le détonateur et, quand je redescendis, je trouvai le poisson flottant sur le dos. J'attachai le robinet de bronze à un câble pour le remonter et mon travail fut terminé à Carbonear.

Par après, nous nous sommes rendus à Bell Island. À cet endroit se trouvaient trois épaves de bateaux pleins de minerai de fer que des sous-marins ennemis avaient expédiés par le fond lors de la dernière guerre. Le premier se trouvait à quatre-vingt-dix pieds de profondeur et les deux autres à environ cent vingt pieds. Sur le pont du premier navire étaient rangés de nombreux barils de poudre qui avaient été prévus pour faire exploser les sous-marins. Lorsqu'un baril de poudre atteint une certaine profondeur, il explose automatiquement. Mon intention était de trouer la paroi de la coque pour être en mesure de pénétrer dans la salle des moteurs. J'ai descendu deux cartons de dynamite de cinquante livres chacun, je suis remonté sur le bateau afin d'actionner le détonateur. La déflagration a tonné comme Jupiter même par cette profondeur. J'étais convaincu que tout le fond marin entre la côte et nous avait remué. De nombreux bancs de poissons sont remontés à la surface de l'eau le ventre face au ciel. La pêche fut miraculeuse ce jour-là pour les pêcheurs des alentours !

Le lendemain, j'ai replongé afin de ramasser des vestiges de cuivre et de bronze mais je ne pouvais rester longtemps sous l'eau à cette profondeur. Un bain de deux heures dans l'eau au large de Terre-Neuve et on devient gelé comme une banquise. N'oubliez pas que, quand nous restions quarante-cinq minutes à cent vingt pieds de profondeur, il nous fallait prévoir trente minutes de décompression avant de remonter à l'air libre. La période de décompression nécessaire était trop longue pour le type de combinaison et de matériel que nous avions avec nous. Le bateau n'était pas doté d'une chambre de décompression où nous aurions pu nous y astreindre au sec. Nous devions procéder à la décompression sous l'eau, au fil de la remontée, et, advenant un incident, la chambre de décompression la plus proche se trouvait à Halifax en Nouvelle-Écosse.

Un jour que j'effectuais la décompression à environ dix pieds sous la surface, une méduse m'érafla les joues de ses longs tentacules chevelus. Ma peau brûla d'un feu violent mais j'étais cloué sur place ; impossible de passer outre aux 25 minutes de décompression qui restaient. Ce même après-midi, je redescendis afin d'entrer dans la cabine de pilotage avec mes bouteilles. Je me trouvais à environ cent pieds de profondeur. J'avais l'intention de découvrir le coffre-fort. Je suis resté coincé à trois ou quatre reprises dans les décombres. En franchissant le seuil de la cabine, je me suis heurté à l'embrasure de la porte ; ensuite, des câbles électriques s'accrochèrent à mon détendeur et, lorsque j'ai voulu descendre l'escalier, une poutre de fer me barrait le chemin. J'ai dû la dégager. Elle retomba et je me suis retrouvé prisonnier entre elle et l'escalier. Après m'être dégagé, j'ai avancé à tâtons dans la pénombre à la recherche du coffre étant donné que je n'avais qu'une petite torche électrique en ma possesssion. Je ne l'ai jamais repéré. Sous le coup de la colère, je suis sorti de la cabine en me disant que la prochaine fois je descendrais deux caisses de dynamite pour la faire sauter au complet !

Nous avons poursuivi notre itinéraire et nous sommes rentrés au port de Saint-Jean pour vendre les métaux, acheter des vivres et du matériel de plongée. Durant le peu de temps que nous avons passé dans la capitale, un pêcheur nous a parlé d'un sous-marin qui avait coulé dans la baie Freshwater, non loin de l'entrée de Saint-Jean. Sur ses indications, nous nous sommes mis à la recherche du submersible à l'aide d'un grappin et d'un sondeur. Au milieu de cette baie, l'eau atteint d'impressionnantes profondeurs. Nous avons sondé le sol de presque toute la baie durant deux jours. Souvent le grappin accrochait au relief sous-marin mais la plupart du temps nous ne remontions que des roches. Il est difficile de repérer un sous-marin car sa forme sphérique trompe la vigilance du sondeur ; la plupart du temps, il ne détecte qu'une forme s'apparentant à un gros rocher. Au contraire, la forme d'un bateau est plus facilement repérable.

J'aurais aimé trouver ce sous-marin car je n'en avais jamais exploré. Une rumeur voulait que l'équipage de ce submersible allemand ait sabordé le navire pour éviter de rentrer à Hambourg, préférant l'exil en Amérique du Nord à l'Allemagne hitlérienne. Les sous-mariniers auraient

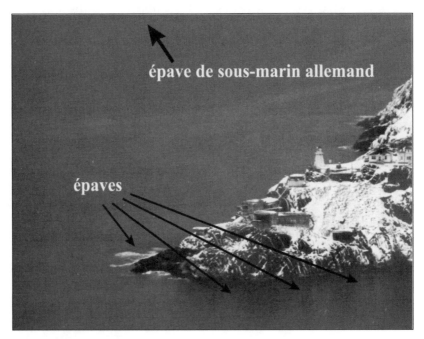

Des épaves près de la baie de Saint-Jean.

transité par Terre-Neuve. Mais explorer l'épave d'un sous-marin ne va pas sans risque car un tel navire est souvent piégé. En effet, un sous-marin est en général programmé pour exploser si quelqu'un tente d'y pénétrer par infraction après qu'il se soit échoué. J'étais bien conscient de ce danger mais, me connaissant, je m'y serais risqué tout de même.

Par après, je me suis dirigé, en compagnie de deux autres plongeurs, en l'occurrence mon ami Guy Gerbeau et Adolf Men, un Allemand très adroit, vers une épave qui comptait cent vingt canons. Le naufrage devait remonter aux années 1750. Les pêcheurs connaissaient bien l'endroit car ils y venaient «pêcher le doublon», ainsi qu'ils le disaient d'un ton plaisantin. Chacun sait qu'un doublon est une monnaie d'or espagnole. L'épave du galion longeait la falaise escarpée par quarante-cinq pieds de fond. Ses débris jonchaient le sol sur une superficie d'environ mille pieds. En un endroit, j'aperçus près d'une quarantaine de canons de calibres différents entassés dans un fatras inde-

Un doublon et une pièce de huit Réaux (Espagne).

scriptible. Les boulets se comptaient par milliers dans le fond marin.

En creusant les crevasses, j'ai trouvé quantité de petites munitions de plomb de forme sphérique qui servaient à l'époque des grands explorateurs. À l'intérieur de l'épave, nous avons mis au jour beaucoup de porcelaines fracassées. Il y avait là de véritables trésors archéologiques qui auraient fait la joie d'un conservateur de musée mais je n'avais pas le temps de m'attarder à ces babioles. Il me fallait vite gagner de l'argent pour couvrir les dépenses de l'entreprise : mille gallons de diesel dans le réservoir du bateau, l'huile, l'essence, la dynamite, les victuailles et le salaire des membres de l'équipage. Chacun touchait un pourcentage du bénéfice de la vente des métaux repêchés

Un canon extrait d'une épave par Marcel Robillard et exposé à l'hôtel Battery à Saint-Jean.

et les payes étaient parfois aussi maigres que la morue que nous mangions. Souvent, l'aventure ne rapportait aucun bénéfice, mais là n'était pas l'important à mes yeux. Je m'adonnais à mon occupation préférée, je partais à l'aventure quand bon me semblait, j'y entraînais mes amis. En ce sens, j'étais un homme heureux.

Si ma vie de plongeur était fascinante, je ne pouvais en dire autant de ma vie familiale. Je privais ma femme et ma fille de tout le temps que je passais en mer. Et le peu de temps où j'étais à la maison, ma femme m'adressait de doux reproches. Elle disait que j'étais présent de corps mais absent d'esprit. Ma femme ne parlait que l'anglais et j'éprouvais de la difficulté à lui communiquer les nuances de ma pensée dans cette langue. De plus, je n'avais qu'un sujet de conversation : les navires échoués remplis de trésors. Guère passionnant pour une femme alors que moi, je ne pensais qu'à ça et ne vivais que pour ça. Il n'y avait pas de place pour autre chose. Alors que ma passion virait presque à l'obsession, je me suis interrogé sur les raisons qui pouvaient expliquer cet engouement. J'ai commencé à me demander si j'avais fait autre chose dans mes vies antérieures sinon être chasseur de trésors ! J'en rêvais du matin au soir. Je menais une vie rude mais saine. Jamais de stupéfiants, très peu d'alcool. Il fallait garder la forme pour plonger et veiller à préserver l'acuité des réflexes. J'étais habité par un désir inexplicable mais combien présent : il me fallait coûte que coûte retourner sur les lieux du naufrage de l'*Anglo-Saxon*. Son épave provoquait en moi de l'effroi. Une angoisse étouffante me saisissait dès que j'en approchais et cette réaction était aussi irrationnelle qu'incompréhensible. Dès lors que cette peur me remuait les entrailles, elle s'incrustait en moi et ne me quittait plus.

Nous sommes retournés dans l'épave du galion coulé en 1750 afin de ramasser des souvenirs qui intéressaient les autres plongeurs, après quoi notre travail fut terminé. Il se peut que cette épave renferme plein de trésors mais je n'avais pas assez de temps ni d'argent à lui consacrer. Je crois que des plongeurs qui s'en donneraient la peine, durant l'été alors que la mer est plus calme, trouveraient une grande quantité de doublons. (Ceux qui voudraient obtenir les coordonnées géographiques exactes de cet endroit n'ont qu'à communiquer avec moi à l'adresse Internet qui paraît à la fin de cet ouvrage. Les pêcheurs le désignent sous l'appellation officieuse de Dublon Pool, non loin de Saint-Jean.)

Nous avons quitté Saint-Jean pour nous diriger vers l'épave d'un voilier, le *Hammer Sealer*, qui avait sombré en 1852. Ce naufrage avait laissé deux survivants et fait trente-sept morts. Un pêcheur m'avait précisé sa position aux alentours du cap Broyle. Nous suivions les indications pour nous rendre à cet emplacement et, alors que nous longions la côte, j'ai demandé au capitaine d'immobiliser le navire car je pouvais apercevoir sous la surface miroitante des eaux des pièces de ferraille entre les rochers. Nous avons jeté l'ancre et j'ai plongé. Il me fallut peu de temps pour localiser l'épave du voilier et l'examiner. L'hélice était cassée en deux morceaux de six cents livres chacun. Je suis remonté au bateau puis je suis redescendu vers l'épave pour attacher une pièce, puis l'autre. Les hommes les hissèrent depuis le pont du bateau et les sortirent de là. J'ai recueilli environ deux mille livres de métaux de cette épave, après quoi nous avons repris notre route. Il nous restait quatre autres épaves à explorer, dont deux que nous ne trouverions jamais.

Sur la côte terre-neuvienne, entre Saint-Jean et St. Shotts, j'ai plongé pour explorer environ trois cents épaves mais c'est peu comparativement à toutes celles qui s'y trouvent. Je crois qu'il y a plus de mille bateaux qui ont échoué au large de cette côte depuis le XVIIe siècle. Je suis convaincu que des centaines de trésors sont enfouis dans cette zone. Souvent, des pêcheurs nous rendaient visite à bord car ils connaissaient la nature de nos activités. Je jouissais d'une certaine notoriété dans les environs du Southern Shore, où les nouvelles se propageaient à la vitesse du vent. Les pêcheurs connaissaient l'emplacement des bateaux échoués. Leurs filets s'accrochaient souvent aux épaves, ce qui pouvait s'avérer dangereux pour les plongeurs dont les bouteilles se prenaient dans les mailles. Plus d'une fois j'ai dû m'en dégager avant de pouvoir remonter à la surface.

Je partis à Renews passer quelques jours chez moi, auprès de ma femme et de ma fille Susan. Elles habitaient une maison mobile hiverisée. J'y passai quatre jours en leur compagnie et je plongeai dans les alentours vers d'anciennes épaves qui ne présentaient aucun intérêt à mes yeux.

Aujourd'hui, je ferais certaines choses différemment; par exemple je plongerais avec une caméra. Mais il en était autrement en 1971. Je me lançais dans une grande aventure. Aujourd'hui, je souhaite que le gouvernement de Terre-Neuve érige un musée dans lequel on présenterait les remarquables richesses que les eaux territoriales renferment. N'oubliez pas que de nombreux trésors ont jadis été immergés par des colons ou des pirates en temps de guerre.

Je suis québécois mais une partie de mon âme est terre-neuvienne. J'aime ces gens comme s'ils faisaient partie de ma famille et je me sens vraiment chez moi là-bas. Ils sont chaleureux, souriants et ils s'intéressent à vous. Ils sont toujours prêts à vous donner un coup de main. Ils m'ont toujours considéré comme l'un des leurs. Ce sont les gens les plus aimables que j'ai rencontrés.

Étant donné la générosité des Terre-Neuviens, j'ai très souvent été invité à partager un repas avec eux. La cuisine simple et frugale me plaît, notamment le bœuf salé et la chaudrée de poisson. J'aime aussi les lieux, les paysages, le bord de mer. Le panorama de l'île est magnifique avec ses montagnes et l'océan à perte de vue, ses côtes et ses petites baies. La pêche y est excellente. On y trouve de la truite en abondance. Et on assiste à des scènes qu'on ne trouve nulle part ailleurs, par exemple ces pêcheurs qui reviennent de la mer à la pénombre, avec leur cargaison de poissons, et qui vous en offrent généreusement quelques-uns. Je n'ai en mémoire que de beaux souvenirs de cet endroit. Je conseille à tous de se rendre à Terre-Neuve au moins une fois dans leur vie.

CHAPITRE VIII

Peu de temps après, nous sommes partis à destination de Trepassey qui se trouvait à environ huit heures de navigation de l'endroit où nous étions. Le vent du sud-est soufflait sur nous; la mer était donc très agitée et houleuse. Nous étions à proximité de Cape Race lorsque soudain je dis au capitaine: « Arrêtons-nous ici pour essayer de repérer l'*Anglo-Saxon*! J'ai déjà trouvé une fourchette gravée au nom de ce voilier dans les parages. » Dans sa sagesse, le capitaine était d'avis que la température n'était pas idéale pour entreprendre de telles recherches et qu'il valait mieux revenir à un autre moment. Je lui proposai de faire une courte halte à l'endroit où j'avais trouvé la fourchette et il en fit une.

J'ai vite sauté à l'eau mais, à première vue, je ne trouverais rien à cette profondeur. Il faut préciser que par endroits, à proximité des falaises, l'eau peut atteindre une profondeur de trois à quatre cents pieds. C'est donc très profond et sombre aussi. Peut-être l'*Anglo-Saxon* avait-il coulé jusqu'au fond. Peut-être que jamais je ne le trouverais! Sans me laisser décourager, j'ai continué à nager le long de la côte, désireux de découvrir le moindre indice porteur d'espoir mais, très vite, les vents se sont levés pour agiter dangereusement les flots. Je commençais à me sentir nerveux. Plus j'avançais, plus la mer se déchaînait. J'avais le pressentiment d'un danger auquel se mêlait une profonde tristesse. Était-ce les éléments que je sentais menaçants? D'où provenait cette impression bizarre, cette sourde angoisse qui m'opprimait soudain? Je l'ignorais mais une chose était sûre: de ma vie, je n'avais jamais éprouvé une telle sensation de suffocation, encore moins dans autant d'eau froide et sale. Pourquoi en ce moment précis?

Je me trouvai soudain dans une zone creuse. Je continuai d'avancer jusqu'à une énorme anfractuosité dans la roche, par laquelle un bateau aurait pu passer. C'était un lieu magnifique, tapissé de dentelures de pierre et de corail, animé par les lents ondoiements des algues. La mer était moins profonde en cet endroit et je pus distinguer, à travers les faisceaux de lumière dans l'eau, des vestiges métalliques qui luisaient le long de l'escarpement rocheux.

À la surface, les aide-plongeurs suivaient mon parcours à bord d'une petite embarcation. Ils avaient peine à ramer à cause des rafales de vent. Je suis remonté le temps de revêtir ma combinaison et de prendre des bouteilles d'air comprimé, et ai replongé aussitôt. Le profondimètre indiquait 90 pieds lorsque je le consultai. Je distinguais à peine ce qu'il y avait autour de moi tant l'endroit était touffu de varech. On trouve ces algues en quantité sur le bord des côtes de Terre-Neuve. À la saison chaude, elles donnent l'illusion d'une forêt sous-marine. Résolu à continuer, je finis par apercevoir des pièces de ferraille sur le fond. M'enfonçant plus encore dans cet antre chevelu, j'ai découvert une fourchette semblable à celle que j'avais trouvée précédemment. En me dirigeant vers le lieu supposé du naufrage, je me mis à frissonner et à trembler comme une feuille. Toutes sortes d'images catastrophiques défilaient pêle-mêle dans ma tête. Je croyais entendre des clameurs, des cris de détresse, des appels à l'aide. Des enfants pleuraient, des femmes hurlaient, les passagers se ruaient à tribord. J'ai éprouvé un grand vertige et puis un choc, comme quand la coque du voilier avait heurté le récif. Je m'entendis donner l'ordre de faire marche arrière, toutes! La soute était inondée à bâbord. Les vagues empiétaient dangereusement sur le pont arrière. Je revis le vaisseau noyé sur son flanc avant de couler, les canots de

Des côtes terre-neuviennes.

sauvetage se fracasser contre les rochers, les passagers apeurés qui plongeaient dans le vide pour être emportés par les flots. J'étais le dernier à bord. Lorsque le bateau chavira, je tombai à l'eau, et fus aspiré vers le fond.

L'eau était décidément très agitée et je remontai de peine et de misère à la surface. La mer commençait à se déchaîner. Une tempête s'annonçait. Le capitaine nous fit savoir que nous ne traverserions pas Cape Race ce jour-là et que nous devions rentrer à Renews. Pour ma part, j'étais heureux de cette décision. Le tempête se déchaîna pendant deux jours. Puis le ciel s'éclaircit et le vent se calma. Nous avons repris la route. Lorsque nous avons croisé l'endroit où gisait l'é-pave de l'*Anglo-Saxon*, j'ai jeté un rapide coup d'œil mais je ne me suis pas arrêté. Nous avons filé droit vers Trepassey.

CHAPITRE IX

Je n'ai certes pas choisi l'occupation la plus facile. Il faut garder la forme pour exercer le métier de plongeur qui est exigeant sur le plan physique. Il faut souvent se ceindre la taille de pesées de plomb pour être en mesure d'atteindre le sol sous-marin. Ainsi, je devais porter une charge excédentaire de soixante-dix livres pour descendre sous l'eau. Inutile de préciser que quiconque souffre de troubles lombaires ne peut se charger ainsi. Je sentais parfois que mon dos était en compote. À force de me pencher sans cesse, mon carré des lombes devenait ankylosé. Certains jours je plongeais pendant six ou sept heures en traînant tout ce poids.

Le matériel de plongée exige de l'endurance. Je plongeais souvent à l'aide d'une combinaison à volume constant et l'équipement dont on se pare alors est lourd et difficilement manœuvrable. L'énergie qu'il me fallait déployer simplement pour me déplacer se traduisait après coup par un épuisement complet. La ferraille des épaves écorchait fréquemment ma combinaison qui se déchirait par endroits. Alors l'eau froide s'infiltrait, me glaçait le sang et le vêtement n'avait plus son utilité. Chaque soir nous avions l'habitude de rapiécer nos combinaisons de plongée. De plus, je ne pouvais plonger en emportant des bouteilles d'air comprimé car elles étaient trop encombrantes. Je devais souvent m'infiltrer dans des endroits exigus et je préférais me prémunir d'un tuyau d'alimentation d'air, plus maniable, sauf qu'il s'accrochait à toutes les aspérités qui se trouvaient sur son parcours. Je traînais parfois derrière moi un tuyau de quatre cents pieds raccordé au régulateur que je portais sur mon dos et au compresseur qui se trouvait sur le bateau. Lorsque mon tuyau restait coincé entre des rochers, il me fallait revenir sur mes pas pour le déloger. Ce n'était pas toujours une partie de plaisir.

À la surface, l'assistant de plongée déroulait le tuyau quand je lui en donnais le signal. Deux coups pour me jeter du leste, trois coups pour ramener le tuyau vers lui et un coup aux trois secondes quand j'étais en difficulté. À ce moment-là, il tirait le tuyau d'air vers lui pour l'empêcher de s'accrocher au fond. Lorsque la mer était trop agitée, l'assistant ne recevait pas mes messages et il ne me restait plus qu'à me débrouiller seul. J'encourais de nombreux risques en plongeant seul. La plupart du temps, j'étais le seul plongeur à bord du bateau. Personne d'autre ne savait plonger. Les pêcheurs excellent à manier leur navire mais ils hésitent à entrer sous l'eau.

Les conditions de travail n'étaient pas de tout repos. Il y a les vagues, la houle, le vent, l'emplacement d'une épave. La houle me faisait tanguer d'un côté et de l'autre. Les épaves le long des côtes s'étaient fracassées en mille morceaux. On aurait dit la cour d'un ferrailleur sur le fond où parfois le fer s'empilait par plaques. Je devais souvent travailler sous ces plaques qui pesaient des tonnes. Un seul faux mouvement et elles pouvaient s'affaisser et chuter sur moi. Surtout après une séance de dynamitage, à chaque seconde ma vie était en danger. Y avoir songé chaque fois que j'ai frôlé la mort, la terreur m'aurait paralysé et je n'aurais plus replongé. Le risque encouru dépassait parfois l'entendement. Comment ai-je réussi à traverser le danger autant de fois sans en avoir subi les contrecoups ? Je me le demande encore.

Je me souviens des soirées où j'étais fatigué à tel point que j'allais directement au lit sans souper pour m'endormir aussitôt. Je sombrais dans le sommeil comme un vaisseau dans l'abîme. J'ignore comment mon dos a résisté à toutes ces épreuves. La majorité des plongeurs que j'ai connus sont morts dans les fonds marins et plusieurs souffraient de douleurs lombaires. Parfois, au fond de l'eau, ma respiration était tellement rapide que j'avais du mal à retrouver mon souffle et mon régulateur avait peine à fournir l'oxygène nécessaire.

Le métier de plongeur exige également de la force physique. Il en faut lorsque, au fond de l'eau, on doit remplir un baril de quarante-cinq gallons d'objets en bronze qu'un treuil mécanique remonte ensuite au signal du plongeur. Lorsqu'en cours de trajectoire un baril se coinçait quelque part, je devais m'y prendre seul pour le dégager et lui permettre de poursuivre sa remontée. Mais on a beau se trouver sous l'eau, il n'est pas évident de bouger seul un baril plein à craquer qui pèse près de six cents livres. Personne ne pouvait me prêter main forte lorsque j'étais au fond de l'eau. Un homme seul ne peut commettre une erreur lorsqu'il se trouve à soixante-dix pieds de profondeur. Si l'arrivée d'air est obstruée, il a moins de deux minutes pour prendre une décision. Tous les plongeurs professionnels savent cela. Ceux qui en font leur métier sont passionnés par le risque et l'aventure. Mais peu nombreux sont ceux qui sont prêts à risquer leur vie à maintes reprises pour obéir à leur passion.

Tout ce temps, j'avais le sentiment d'être immortel. Entendez-moi bien : mon corps pouvait périr, mais pas mon être. Jamais. Cette idée m'a toujours été d'un grand secours dans l'adversité. En mon for intérieur, je me sentais invincible. Je croyais que, quoi qu'il advînt, je parviendrais toujours à m'en sortir. Et je dois d'ailleurs préciser que c'est ce qui s'est produit jusqu'à présent. C'est également pour cela que j'ai décidé de raconter cette histoire. Je suis altruiste ; j'aime aider mes proches et je préférais plonger en solitaire pour épargner à d'autres le danger inhérent à l'aventure. La seule peur qui m'habitait m'avait été inspirée en revoyant l'épave de l'*Anglo-Saxon*. Elle faisait surgir en moi une crainte proche de la terreur et je ne m'expliquais pas pourquoi j'étais terrorisé à la seule pensée de l'approcher.

L'endroit où je devais m'affairer n'était généralement pas sans risques. J'ai beaucoup plongé à Cape Race, entre Saint-Jean et St. Shotts où la mer est pratiquement toujours houleuse, la brume du large si épaisse que la visibilité est presque nulle et les dangers en conséquence. Les grands bateaux en provenance d'outre-Atlantique se repèrent grâce au Cape Race. Étant donné qu'il est parfois impossible de voir à cinquante pieds devant, les risques de naufrage sont élevés. Combien de navires furent projetés contre les rochers?... Les nombreuses épaves échouées le long des falaises en témoignent de triste façon.

Dans ce métier, il est primordial de savoir s'entourer. Il faut embaucher le meilleur équipage qui soit et les Terre-Neuviens sont imbattables à ce genre de boulot. Évidemment, la meilleure équipe doit être dirigée par un capitaine digne de ce nom. Lorsque nous parvenions au-dessus d'une épave, il fallait jeter l'ancre et immobiliser le bateau. Manœuvrer un navire de soixante tonnes n'est pas une mince tâche. Il fallait parfois utiliser trois ou quatre ancres

Le phare de Cap Race, Terre-Neuve.

de cinquante à cent livres chacune, approcher le bateau le plus près possible de la côte, mais pas trop, reculer pour jeter les ancres en différents endroits, prendre garde à la corde qui se déroulait à une vitesse telle qu'elle nous aurait arraché un membre en une fraction de seconde s'il l'avait frôlée. Le capitaine devait veiller à la profondeur à laquelle nous naviguions car les récifs et les écueils sont souvent imperceptibles depuis le pont d'un bateau. Par une mer houleuse, le bateau pouvait avancer par bonds de géant et se fracasser sur les rochers affleurant. La houle pouvait également propulser le bateau en direction de la côte, auquel cas il fallait mettre les moteurs plein gaz afin de s'éloigner au plus vite vers le large. Tout cela pour redire combien la compétence de chacun des membres de l'équipage est primordiale pour assurer la sécurité de l'entreprise.

Afin de positionner et de stabiliser le bateau au-dessus de l'endroit où se trouvait l'épave que nous voulions explorer, il fallait jeter la première ancre, après quoi nous devions faire marche arrière sur près de quatre cents pieds afin de jeter la deuxième ancre pour que le bateau tienne en équilibre. Ensuite, il fallait de nouveau faire marche avant afin de bien tendre la corde de devant. Nous mettions ensuite le skiff à l'eau pour aller déposer les autres ancres, de manière à pouvoir tirer le bateau d'un bord ou l'autre sans avoir à déplacer les ancres principales.

Une fois, les câbles se sont rompus alors que j'étais dans le fond et j'ai slalomé d'un côté et de l'autre alors que mon tuyau d'air s'accrochait à des monceaux de ferraille.

Il me fallait vite le dégager pour qu'il ne se fende pas. Les tiges métalliques vers lesquelles j'étais projeté éraflaient ma combinaison qui s'est déchirée par endroits. J'ai aussitôt senti la morsure de l'eau glaciale. Heureusement, je pouvais compter sur la présence d'esprit de mes compagnons qui m'ont vite sorti de ce mauvais pas.

Voilà pourquoi je triais mes hommes sur le volet. Nous devions être prudents et avoir confiance les uns dans les autres. À la surface, quand le treuil remontait les vestiges récupérés, souvent des morceaux de fer se trouvaient parmi ceux de bronze. Les hommes les séparaient à l'aide d'une scie mécanique alimentée au gaz et d'une masse de fer. Les pièces roulaient sur le pont en suivant le mouvement du bateau. Si celui-ci n'était pas sécurisé, leur poids pouvait détruire les parois ou nous rompre les tibias. Après coup, les hommes devaient porter la ferraille à la cale. Ils triaient le cuivre, le bronze rouge, le bronze jaune, le plomb, le monel, parfois du zinc et différents métaux de valeur. J'étais alors en mesure de téléphoner à Saint-Jean pour annoncer au ferrailleur ce que j'avais en stock à bord.

Lorsque nous étions en mer, la visibilité était souvent réduite. Lorsque des vents violents s'ajoutaient à un brouillard dense et lisse, nous avancions dans une opacité d'encre. C'était souvent le cas au large de Terre-Neuve, à raison de cinq jours par semaine. Nous devions toujours naviguer à l'aide du radar. L'épaisseur de la brume explique sûrement pourquoi il s'y trouve tant d'épaves.

Mes hommes connaissaient les dangers inhérents à l'aventure. Je savais m'entourer des meilleurs. Le capitaine Phil était des plus qualifiés. Toujours très alerte, il réagissait rapidement et prévoyait les situations avant qu'elles ne se présentent. Je ne le considérais pas seulement comme un capitaine, mais aussi comme un grand ami. J'éprouve encore une immense gratitude à son égard car il m'a sauvé la vie à maintes reprises. Je disposais également d'un excellent assistant de plongée qui connaissait mes signaux à la perfection. Lorsque je me trouvais à quarante pieds de profondeur et plus, il m'était impossible de monter et de redescendre. Mon assistant de plongée devait comprendre les signaux que je lui envoyais. À la fin, il savait tout de suite discerner quand j'étais en danger. Il devait veiller à ce que le compresseur fonctionne bien, que la compression soit idéale et que le tuyau d'alimentation ne soit pas trop lâche.

Un jour que nous étions à St. Shotts, je faisais partie d'une autre équipe de plongée à laquelle appartenait également mon ami Guy Gerbeau. Ce jour-là, je me trouvais sous l'eau et traînais derrière moi un tuyau d'alimentation qui faisait environ cent pieds. Je travaillais à dégager du bronze et, tout d'un coup, je me suis senti tiré par-derrière. Je n'ai jamais autant juré que cette fois-là. Croyez-moi! J'avais beau me débattre et vouloir aller de l'avant, je continuais de reculer vers le bateau. J'ai été tiré tout près du bateau et mon alimentation en oxygène a été obstruée. Le tuyau d'air était entremêlé aux pales de l'hélice qui l'avait tranché. Dix pieds de tuyau me séparaient de l'hélice du bateau. J'allais passer à la moulinette. Par chance, les manœuvres ont arrêté le moteur juste à temps. Je me suis agrippé au câble du treuil et j'ai réussi à sortir la tête de l'eau. J'ai vite soulevé la vitre de mon masque pour respirer un peu.

Je pouvais apercevoir les quatre hommes sur le pont qui me regardaient d'un air de découragement. Le pire, c'est qu'ils ne foutaient rien pendant que j'étais en train d'avaler toute l'eau de la mer. Je voulais tous les fusiller. J'étais fou de rage. Après quelques instants de contemplation béate, l'un d'eux eut la présence d'esprit de se jeter à l'eau pour venir couper mon tuyau d'alimentation afin que je puisse me dégager. Je suis remonté sur le bateau à moitié mort de froid et bouillant de colère. Le capitaine avait craint que la coque n'effleure les écueils à proximité de la côte car la houle avait fait reculer l'ancre. Ainsi, le bateau s'était trop rapproché de la côte. Il avait donc décidé de mettre les moteurs et d'avancer quelque peu afin de rétablir la tension du câble de l'ancre. Mon assistant de plongée n'avait alors pas songé que mon tuyau d'alimentation s'était du coup allongé et il n'avait rien fait. Le tourbillon de l'hélice avait attiré le tuyau vers elle et il s'y était coincé. Cela en a été fini pour moi de cet équipage. Même chose pour Guy, mon meilleur ami, qui avait fait office d'assistant de plongée. Je ne leur faisais plus confiance. Guy a conservé mon amitié mais je n'ai plus jamais plongé avec lui comme assistant. Ce métier est trop dangereux. Une seule erreur est une erreur de trop. Telle était ma devise, telle était ma loi.

Plateforme de forage.

Par la suite, Guy a été engagé en tant que plongeur sur des pétroliers qui faisaient la navette en direction des puits de forage en mer au large de Terre-Neuve. Le lundi 15 février 1982, aux petites heures de l'aube, la plateforme de forage *Ocean Ranger* a chaviré et coulé dans les Grands Bancs trois cents kilomètres à l'est de Saint-Jean. Les quatre-vingt-quatre employés périrent dans les eaux houleuses et glaciales et l'événement devint le pire désastre maritime à survenir au Canada en plusieurs décennies. C'était aussi la deuxième catastrophe d'importance à survenir dans l'histoire du forage maritime, après la tragédie de la mer Noire survenue le 22 mars 1980 et au cours de laquelle cent vingt-trois personnes périrent.

La tempête qui eut raison de l'*Ocean Ranger* avait d'abord pris la forme d'une faible perturbation dans le golfe du Mexique le vendredi 12. Le lendemain soir, elle s'était trouvée au sud de la Nouvelle-Écosse, gagnant de la force et se déplaçant vers la péninsule d'Avalon à Terre-Neuve. Le dimanche après-midi, la tempête faisait rage près de Saint-Jean. Pendant une grande partie de la journée du 14, la plateforme de forage a été fouettée par des vents d'ouragan qui atteignaient 168 km/h et par des vagues aussi hautes qu'un immeuble de cinq étages. Aux petites heures du matin du 15, le personnel de l'*Ocean*

Ranger a reçu l'ordre d'abandonner la plateforme. Peu après le lever du soleil, la plus grande installation de forage semi-submersible du monde a glissé dans les eaux turbulentes au large de Terre-Neuve.

Des équipes de recherche et de sauvetage ont lutté contre une faible visibilité, dans la pluie verglaçante et la neige, parmi les eaux houleuses et les vents violents dans l'espoir de repérer des survivants. Mais il n'y en avait aucun. La même tempête a également contribué au naufrage du navire porte-conteneur soviétique *Mekhanik Tarasov*, qui a sombré avec trente-trois personnes à son bord à quelque cent vingt kilomètres à l'est de l'endroit où se trouvait l'*Ocean Ranger*.

Guy était le seul Québécois à bord de la plateforme. Les autres étaient des Américains et des Terre-Neuviens. Je me suis rappelé que peu de temps avant, il était avec moi à Montréal et nous avions fait du ski dans les Laurentides. Il travaillait sur les plateformes de forage au large de Terre-Neuve, où son horaire alternait deux semaines de travail et deux semaines de congé. Ce jour-là, il m'avait annoncé que ce serait son dernier voyage et qu'après il avait l'intention de remettre sa démission pour revenir travailler à Montréal. Il venait de faire la connaissance d'une Québécoise et il voulait rester auprès d'elle. Trois jours plus tard, la plateforme de forage avait sombré par le fond et tous avaient péri dans l'accident. Sa première femme me confia que son corps fut retrouvé cinq mois plus tard sur les côtes du Maine, en Nouvelle-Angleterre.

Guy avait une fille, Samantha, qui a l'âge de la mienne. À l'époque je l'ignorais. Je l'ai appris un an plus tard. Elle habite toujours à Terre-Neuve. J'aimerais la revoir un jour pour lui parler de son père et lui dire à quel point il était extraordinaire. Pareillement à Guy Gerbeau, la plupart des plongeurs meurent d'une manière ou l'autre dans l'eau. D'autres perdent la vie lors de l'explosion de leur bateau. Beaucoup restent coincés sous une épave dans les eaux traîtresses. Devant autant de vies perdues, je me suis toujours dit que le diable ne m'aimait pas et que Dieu ne voulait pas me voir. Et c'était tant mieux! Déjà je croyais que j'avais quelque chose à accomplir au cours de cette vie. L'avenir allait me donner raison.

CHAPITRE X

Nous avions accosté au port de Trepassey. Au cours des semaines qui suivirent, je suis retourné à plusieurs reprises dans l'épave qui contenait quantité de blocs de plomb. Nous en avions récupéré plusieurs mais je voulais vérifier quelque chose. J'y avais aperçu de grandes feuilles de plomb empilées comme des rames de papier mais il était impossible de les dynamiter. Je m'y suis appliqué à plusieurs reprises mais, lorsque j'amorçais la charge, aucune détonation ne suivait. Je demeure convaincu qu'il se trouve plus de mille tonnes de plomb à l'intérieur de cette épave mais je n'ai jamais réussi à les sortir des entrailles du bateau. En explorant cette épave, j'avais découvert un contenant de bronze semblable à une bouteille d'air comprimé d'un modèle que je n'avais jamais vu auparavant. La chose m'intriguait. De quoi pouvait-il s'agir ? Le contenant était à demi incrusté dans la roche et le calcaire. Impossible de le bouger. Afin de le déloger, j'ai dû me résoudre à provoquer une petite explosion. Deux bâtons de dynamite et une heure plus tard, le fond marin était tapissé d'une pellicule luisante et dorée qui miroitait dans les eaux. De quoi pouvait-il s'agir ? J'ai remonté la bouteille vide qui pesait bien deux cents livres.

Les gars avec qui j'étais m'apprirent qu'elle contenait encore un peu de mercure, un composé très lourd qui, mélangé à du fer, lui confère de la luisance.

Nous sommes retournés au quai. Trepassey était une petite ville au creux de Terre-Neuve où pirates et corsaires s'arrêtaient jadis pour prendre un peu de repos avant de repartir à l'aventure. Au début du XVIIIe siècle, le village comptait déjà une quinzaine de tavernes compte tenu qu'il s'agissait d'un endroit très couru par les pirates des Antilles qui se rendaient là-bas cacher leurs trésors. Pour cette raison, la région du Southern Shore est considérée comme un paradis par les chercheurs de trésors.

De nombreuses épaves gisent au fond de la baie. J'ai plongé à soixante pieds de profondeur vers quatre d'entre elles qui contenaient des canons, peut-être pour les combats navals, je n'en sais trop rien. Le sol marin était couvert de vase à cause des rejets de l'usine agroalimentaire où l'on prépare le poisson qui se trouve au village. Peut-être des bateaux pirates avaient-ils envoyé tous ces navires par le fond.

La baie de Trepassey est un très bel endroit pour pratiquer la plongée sous-marine en amateur, de même que pour prendre des photos de vieilles épaves. À dix milles de là se trouve également le village de St. Shotts avec ses centaines d'épaves et ses trésors, mais la mer y est très agitée en été. Le meilleur moment pour plonger à St. Shotts est l'hiver à cause des vents contraires. J'ai plongé à maintes reprises pour explorer les vestiges au large de St. Shotts mais il ne s'y trouvait pas de quai pour accoster notre bateau. Le port y est trop ouvert sur la mer pour le type d'embarcation que nous empruntions.

St. Shotts est également un bel endroit où observer les baleines et les bélugas qui viennent s'y approvisionner en petits poissons. Un jour, alors que je me trouvais à environ soixante pieds de profondeur pour explorer le *Marvale-Corsican*, un bateau de quelque onze mille tonnes qui s'est englouti le 21 mai 1923, je sentis une ombre. Soudain le soleil ne se reflétait plus au fond de l'eau. Je me suis demandé s'il s'agissait d'un autre navire qui aurait croisé le nôtre. Mais non, il s'agissait d'une baleine qui nageait juste au-dessus de moi. Tournant la tête, j'ai vu ce gros mammifère marin en mouvement. J'étais ébahi. C'est

magnifique d'observer une baleine d'aussi près. C'était une femelle accompagnée de son baleineau. Je les ai observés pendant quelques instants. Mon seul regret était de ne pas avoir eu de caméra avec moi. J'ai toujours conservé un beau souvenir de cette rencontre.

Lors d'une autre descente, j'ai fait une rencontre qui m'a moins charmé : un requin est venu rôder autour de moi à trois reprises. Je me suis rendu compte que mes mouvements l'attiraient. Le reflet de la lumière sur les objets métalliques que je déplaçais lui envoyait autant de signaux auxquels il répondait en s'approchant. La poussière soulevée montait semblable à une colonne de fumée qui piquait sa curiosité. J'ai dû faire appel à tout mon sang-froid pour rester immobile quelques minutes, le temps qu'il constate que rien d'intéressant ne justifiait sa présence en ces lieux et qu'il reparte vers son prochain repas.

Souvent, quand je plongeais dans les eaux terre-neuviennes, des centaines de crapauds de mer venaient à ma rencontre et me fonçaient droit sur l'estomac. Ces poissons hideux, couverts d'épines comme des oursins, ne sont pas dangereux mais ils sont combatifs. Je pense qu'ils me considéraient comme un déchet tombé à l'eau. Il m'est également arrivé de nager parmi des bancs de morues. Étrange sensation que de se retrouver entouré de milliers de morues ! Une autre fois, j'ai croisé un banc de capelans. Il s'agit de petits poissons noirs rayés de blanc, mesurant quatre pouces, dont se nourrit la morue. La plupart du temps, on les rencontre sur les rives de Terre-Neuve. Ils pondent leurs œufs et meurent tout de suite après. Un jour, j'en ai vu des millions, disposés en cercles de cent pieds de circonférence. C'était tellement joli! J'étais au fond de la mer, assis sous environ trente-cinq pieds d'eau et je les regardais former des cercles. Quand je suis passé au travers d'un cercle, ils se sont tous écartés pour me laisser la place en formant un petit tunnel. Je me suis amusé avec eux durant je ne sais trop combien de temps.

J'étais cependant moins entiché des oursins de mer qui peuplent le fond par milliers. Combien de fois je me suis éraflé les genoux contre ces petites boules épineuses accrochées au fond de l'eau! Leurs piquants sont semblables à des hameçons qu'il est impossible de décrocher. Je me retrouvais les genoux couverts de ces épines dont je porte encore les cicatrices aujourd'hui. Il y avait aussi des étoiles de mer. Ces animaux invertébrés sont vraiment décoratifs. Il y en avait de toutes les couleurs ; on aurait dit qu'un peintre s'était amusé à les colorer. J'étais toujours heureux lorsque j'apercevais des bancs de pétoncles car je savais que nous ferions un excellent repas ce soir-là!

C'est fantastique de vivre au fond de la mer. Je crois que c'est le rêve de chaque plongeur que d'éprouver la joie et la liberté que procure cette expérience. Je me sentais comme un astronaute en apesanteur sauf que sous l'eau j'étais entouré d'un décor enchanteur en prime. Je me sentais présent, conscient d'être sous l'eau mais en même temps j'étais quelque peu décalé par rapport à mon corps. C'était un peu comme si je quittais par moments mon corps, comme s'il avait été séparé de moi et j'en tirais une énorme satisfaction, une étrange sensation de bien-être. Je crois que c'est l'une des choses que recherchent les plongeurs, cette sensation de liberté spirituelle que l'on éprouve quand on est au fond de la mer.

Les pêcheurs de Trepassey nous ont raconté une histoire intrigante à propos de St. Shotts. Dans les années 1920, alors que les temps étaient très durs, des fermiers avaient imaginé un stratagème pour se faire du fric. Ils accrochaient une lanterne au cou d'une de leurs vaches qu'ils laissaient errer librement dans les champs. Lorsque la vigie d'un bateau apercevait un faisceau de lumière, croyant qu'il s'agissait d'un phare, il en avertissait le capitaine qui faisait mettre le cap dans sa direction. Mais la vache se trouvait à des lieues à l'intérieur des terres. Le capitaine s'imaginait que le phare se trouvait sur la côte et son navire allait se fracasser contre les étocs. Les villageois pillaient ensuite la cargaison pour se faire de l'argent. Si elle est vraie, c'est une histoire sordide. Personnellement, je n'y ai jamais vraiment cru. Peut-être y eut-il un cas isolé. Quoi qu'il en soit, il y a beaucoup d'épaves au large de St. Shotts.

Sur les indications fournies par un pêcheur, nous sommes partis pour Cap Sainte-Marie dans l'intention de fouiller une épave à l'intérieur de laquelle nous étions supposés trouver de l'or. Des gens nous racontaient parfois des bobards pour nous faire perdre notre temps mais cela valait le coup de vérifier sur place. L'épave en question se trouvait non loin de Branch sur la pointe du cap. J'ai plongé à l'endroit que le pêcheur avait indiqué. Ce jour-là, j'ai eu de la veine car, en me jetant à l'eau, j'ai tout de suite aperçu des tiges de fer. J'ai également vu des canons scindés en deux. Ils avaient dû se rompre sur les glaces car il n'y avait là que quinze à vingt pieds d'eau. J'ai sorti un fragment de bronze du gouvernail et j'ai trouvé deux pièces déformées qui ressemblaient à de la monnaie espagnole. J'ai poursuivi mes recherches deux heures durant sans rien trouver qui valait d'être récupéré.

Au printemps de 1971, nous naviguions vers St. Lawrence dans l'intention de trouver deux navires de guerre qui avaient sombré dans les années 1940. À cette époque, le gouvernement avait érigé un hôpital à cet endroit afin de récompenser les habitants qui avaient offert l'hospitalité aux survivants du naufrage. J'ai tenté de localiser les épaves durant deux jours mais personne ne connaissait leur emplacement exact. Nous avons donc poursuivi notre route en longeant les îles de Saint-Pierre-et-Miquelon mais sans y faire escale. Nous préférions nous rendre directement à Burgeo. John Stephens m'avait parlé d'un bateau de deux cents pieds que les ouvriers de l'usine agroalimentaire voulaient vendre à la ferraille. Je m'étais dit que j'irais sur les lieux en passant. Burgeo était un joli village dont la plupart des habitants travaillaient à l'usine de transformation du poisson. J'ai bel et bien aperçu une épave à l'entrée du port mais je ne m'y suis pas intéressé car j'étais là dans un but bien précis. J'ai toutefois téléphoné à John à Halifax pour lui faire part du contenu du bateau échoué.

Nous avons ensuite pris le chemin du Cap Anguille. John Stephens est venu nous y rejoindre et il a passé trois jours parmi nous. Nous avons déchargé la cargaison et expédié le tout à Halifax. Nous avons gagné juste assez pour couvrir les dépenses de l'expédition et pour que je puisse envoyer un peu d'argent à ma femme. Mais nous avions toujours espoir. John me confia son camion d'une demi-tonne et je l'ai raccompagné à Stephenville, à environ trois heures de route de l'endroit où nous étions. Je pourrais ainsi profiter du camion le temps de notre séjour à Cap Anguille.

Un soir que les gars et moi discutions à propos des baleines de St. Shotts, je leur ai parlé d'une épave que j'avais déjà explorée à Long Island. À cet endroit se trouvent deux grandes îles qui sont séparées par un détroit très profond, qui creuse un abysse de près de mille pieds, et qui sont surplombées de très hautes falaises. Non loin de là, il y avait autrefois un établissement où les baleiniers dépeçaient leurs prises. Un navire s'était échoué sous trente pieds d'eau près de cet établissement. Sur le pont du navire englouti gisait une carcasse de baleine qui mesurait environ soixante pieds. Elle était si énorme que je pouvais nager à l'intérieur. Impressionnant! Il est seulement dommage que je n'aie pas eu de caméra pour filmer cette exploration.

Nous avions donc notre port d'attache au Cap Anguille où nous cherchions des épaves en obliquant jusqu'à Robinson qui se trouve entre le cap et Stephenville. C'était le seul endroit où le bateau pouvait naviguer dans la baie à marée haute. Un pêcheur nous avait confié connaître une épave contenant une cargaison de munitions qui gisait au fond de l'eau depuis la dernière guerre.

C'était l'endroit idéal pour pratiquer la plongée, un lieu d'une grande beauté. Nous avons trouvé les vestiges du navire à quarante pieds de profondeur. En descendant vers l'épave, j'ai aperçu les caisses de munitions : des boulets destinés à des canons d'environ trente pouces de longueur et six pouces de diamètre. Le cylindre du canon en bronze mesurait vingt-quatre pouces et pesait à peu près dix livres. Je le remontai à la surface. En nous servant d'une espèce de fourchette à deux fourchons de ma fabrication, nous avons dévissé le capuchon du canon pour qu'il n'explose pas. Nous l'avons ensuite vidé du fer qu'il contenait en lui donnant de grands coups de masse. L'intérieur du cylindre contenait des tiges de poudre explosive. Même après quarante ans sous l'eau, nous aurions pu y mettre le feu et les mèches auraient brûlé. Sauf que mes compagnons l'ignoraient. La première journée que j'ai exploré cette épave, alors que j'étais dans le fond, un grand bruit résonna autour de moi. Je me demandais ce que les gars pouvaient bien fabriquer sur le pont. « Peut-être veulent-ils que je remonte », ai-je pensé. Sitôt la tête hors de l'eau, j'aperçus Melvin Nepper en train de donner des coups de masse sur les tubes de munitions dont nous n'avions pas enlevé le capuchon. Je lui criai ; d'arrêter sur-le-champ et je l'avertis du danger. Il aurait pu tous nous faire sauter.

Après avoir récolté des tonnes de bronze à cet endroit, je voulais retourner au Cap Anguille où se trouvait le camion pour nous rendre à Rocky Harbour où nous devions trouver beaucoup d'épaves le long de la côte. Phil m'a prévenu qu'en raison du vent qui se levait il valait mieux attendre que la mer se calme. Nous n'étions qu'à cinquante milles du cap et je refusais d'attendre. J'ai argumenté avec le capitaine et j'ai fini par le convaincre de lever l'ancre. Comme je l'ai regretté par la suite !

Plus nous avancions, plus le vent se déchaînait. Je n'ignorais pas que cet endroit était reconnu pour la puissance de ses vents qui soufflent jusqu'à cent trente milles à l'heure. Dans le passé, de nombreux trains avaient déraillé à cause des vents violents. Mais j'étais entêté et je n'avais peur de rien. Je voulus n'en faire qu'à ma tête. Lorsque nous nous sommes approchés du Cap Anguille, le vent soufflait à cent milles à l'heure et les vagues faisaient vingt pieds de haut. Croyez-moi, je n'étais pas gros dans mes palmes !

Le moteur diesel tournait au maximum et les vents à contresens nous poussaient tellement fort que le bateau n'avançait pas. Une vague nous frappa de plein fouet et fit voler en éclats toutes les vitres à la proue. Le radar s'emplit d'eau, les pompes fonctionnaient à plein régime et deux pieds d'eau inondaient toujours la cale. Cette fois, j'ai vraiment craint que le bateau coule. Je n'avais pas peur d'une mort rapide mais une mort lente n'avait aucun attrait. S'il y avait vraiment un dieu, son intervention était requise à ce moment-là.

À environ deux milles du quai, le capitaine nous annonça qu'il fallait rebrousser chemin. En faisant marche arrière, nous devions parcourir une centaine de milles avant d'atteindre le quai le plus près. Phil n'était pas sûr de pouvoir changer de cap sans que le bateau ne chavire sur cette mer déchaînée. Après force manœuvres, il réussit à amener le bateau au-dessus des vagues. Nous avions l'impression de surfer. Il a fallu naviguer ainsi sur une distance de un mille avant que le bateau n'ait changé de direction. Par la suite, nous avions le vent derrière et le bateau se laissait guider comme une petite bouée.

Pendant ce temps j'étais au téléphone à lancer un appel au secours. Le poste de bande publique fonctionnait mal. Je hurlais le code international de détresse: «MAYDAY!» J'avais la frousse de ma vie! Je songeais à ma femme et à ma fille que je ne reverrais peut-être plus jamais. J'aurais voulu leur parler une dernière fois. Nous risquions d'y laisser notre peau. Ce même soir, deux navires ont sombré non loin de l'endroit où nous nous trouvions. Phil tenait la roue et ne bronchait pas. Un vrai capitaine! L'estime dans laquelle je le tiens s'est vraiment fortifiée au cours de cette épreuve et j'ai depuis le plus grand respect à son endroit. C'est un homme juste et honnête qui ne perd jamais son sang-froid. Au cours de ma présente existence, je suis plongeur et non pas marin. Je connais parfaitement mon métier et je laisse la navigation aux experts.

Au milieu de Baie St. Georges, qui se trouve aux alentours de Robinson Bay, les vents soufflaient encore violemment mais nous avons pu mettre le canot de sauvetage à l'eau pour que je puisse me rendre à terre récupérer le camion. J'ai remercié Dieu d'être sain et sauf. Le bateau était également récupérable, même si toutes les vitres de la proue avaient été fracassées. Phil menait son bateau à bon port. Je marchai jusqu'à la petite ville la plus proche où je frappai à la porte d'une maison de pêcheur. On ouvrit et je racontai brièvement mon histoire. L'homme accepta aimablement de me conduire jusqu'au camion. Il n'a jamais voulu accepter l'argent que je lui offrais en échange de ses services. Devant son refus, je lui ai donné un chandelier en argent que j'avais ramassé au large de St. Shotts et qui se trouvait encore dans mon camion. Il fut tout aussi heureux de l'accepter que moi de le lui offrir.

J'ai pris le volant du camion et je me suis rendu à Stephenville Crossing où notre bateau avait entre-temps accosté. Nous avons réparé ce qui était brisé : les vitres, le radar et le poste de bande publique. Et le bateau fut de nouveau en état de fonctionner. Cette fois, nous avons pris la direction de Port aux Port où les habitants s'expriment encore en vieux français. À les entendre parler avec cet accent du terroir du XVIIIe siècle, j'avais l'impression de voyager dans le temps.

Nous sommes allés plonger à Long Point, à un endroit où le courant est très fort, particulièrement entre les marées. Je me suis repéré grâce à l'arbre du moteur des hélices qui était en fer. Je suis remonté afin de vérifier les moteurs et j'ai demandé à l'assistant de descendre le contenant de quarante-cinq gallons. J'ai récupéré quatre contenants de fragments de bronze, deux valves de bronze de quatre cents livres chacune et d'innombrables tuyaux de cuivre. En remontant à la surface, j'eus beau nager avec toute la vigueur dont j'étais capable, la force du courant m'a entraîné à environ deux mille pieds du bateau. De plus, c'était un jour de brume et je n'apercevais plus le bateau. J'ai laissé choir mes pesées de plomb au fond et je me suis dit que j'étais perdu, que mes compagnons allaient penser que je m'étais noyé. Je me voyais dériver en direction du golfe Saint-Laurent. Je songeais à abandonner mes doubles bouteilles d'air comprimé afin de pouvoir nager plus aisément lorsque soudain j'ai vu le bateau apparaître. J'étais l'homme le plus heureux du monde.

Monté à bord, j'ai demandé à Phil : « Comment as-tu su que je n'étais plus sous l'eau ? » Ce à quoi il a répondu : « Je t'ai vu remonter à environ mille pieds du bateau mais j'ai d'abord cru qu'il s'agissait d'un phoque. » Il m'a confié avoir scruté la surface des flots à l'aide de ses puissantes jumelles, avoir levé les ancres, jeté une bouée de sauvetage et être venu à ma rencontre. Je me suis toujours dit que Phil avait des yeux tout autour de la tête. Il s'est toujours soucié de moi comme un père de son fils. Nous avons quitté la baie et Phil a navigué jusqu'à Port-au-Choix. Pour ma part, j'ai cueilli John Stephens à l'aéroport de Stephenville et nous sommes montés à Port-au-Choix en camion. Je n'étais pas mécontent de quitter le bateau pendant quelque temps.

John avait un autre plongeur avec lui, un jeune Américain de vingt et un ans qui habitait à Halifax. Il était très aimable avec les hommes mais il se mettait toujours dans le pétrin à cause des femmes des villages où nous allions. Un soir, à Port-au-Choix, il a reçu une raclée dans une boîte de nuit. Il est revenu au bateau avec un œil au beurre noir. Je lui ai dit : « Mon ami, tu n'es pas à New York ici ! Les gars n'apprécient pas que quelqu'un touche à leur femme. »

Nous sommes ensuite allés à Blanc-Sablon sur la Côte-Nord, à la frontière du Labrador terre-neuvien. J'y ai exploré une dizaine d'épaves entre Havre-Saint-Pierre et Sainte-Barbe mais des plongeurs en provenance du Québec avaient déjà fouillé les environs. Il n'y avait rien d'intéressant pour nous dans ces parages. Nous avons continué la route jusqu'à Ship Cove, près de l'Anse aux Meadows. C'est dans ce village à la pointe nord de Terre-Neuve que furent découverts les vestiges de l'établissement des Vikings remontant au début du XIᵉ siècle. Un bateau avait échoué sur l'île. Lors d'une tempête, la force des vagues l'avait propulsé sur le rivage. Il avait fallu que Neptune soit d'humeur massacrante pour détourner de son parcours cet immense vaisseau qui faisait quatre cent pieds de long et quarante pieds de haut. On aurait dit une cathédrale sinistrée.

L'exploration du géant échu s'avéra décevante. Exception faite de la chemise de l'arbre des hélices qui était plaquée de bronze, il ne restait plus rien car les pêcheurs l'avaient dépouillé de son contenu. La chemise de l'arbre mesurait quarante pieds de longueur et un pouce d'épaisseur sur une circonférence de trois pieds. J'ai demandé aux hommes de la retirer. Sa vente nous rapporterait environ deux mille dollars, ce qui couvrirait les dépenses pendant environ deux semaines. Quatre gars d'équipage et moi-même l'avons tronçonnée avec une scie mécanique à lame au carbone, non sans avoir au préalable percé d'un trou géant la coque du navire. Cette opération fut relativement facile à cause de la rouille qui dentelait la paroi métallique.

J'ai fait exploser dix bâtons de dynamite et la déflagration a laissé un trou béant de six pieds carrés. Ensuite, nous avons scié le bronze de chaque côté de la chemise de l'arbre pour insérer un peu de dynamite dans les interstices que nous venions de pratiquer. La légère explosion a fait se détacher le bronze de chaque côté de la chemise de l'arbre du moteur. Il ne nous restait plus qu'à le découper en sections et à l'entreposer dans la cale du bateau.

Nous avons repris la mer pour ensuite faire une brève escale à St. Anthony. John nous accompagnait parce qu'il devait acheter du matériel d'une base américaine. Lorsque ce fut chose faite, nous avons mis le cap sur les côtes du Labrador. Dans le temps de la guerre, les Américains y avaient établi de petits postes de surveillance tous les vingt-cinq milles et ce, sur des centaines de milles. À tous les cent milles, ils avaient érigé un poste plus important. À leur départ ils ont tout laissé sur place. J'étais curieux de voir ce qui en restait.

Les côtes du Labrador sont magnifiques. J'ai pris quelques instants pour admirer le paysage. La côte est tout entière bordée de montagnes si hautes que leurs sommets sont continuellement enneigés. Nous avons vu de nombreux glaciers descendre le long des rives. Ils étaient immenses, de la hauteur de gratte-ciel. Il fallait être prudent. Les glaciers peuvent être très dangereux pour les navigateurs car aussi peu que le dixième de leur volume peut paraître à la surface de l'eau. Quand ils se brisent, il faut se tenir loin. Mais notre capitaine en avait vu d'autres ! Il pouvait nous faire traverser toutes les mers du globe en sécurité. Il tenait la barre avec son air enjoué. Il n'avait pas froid aux yeux. Nous avons navigué des milles et des milles jusqu'à une petite baie qui porte un joli nom inuit, Chicualikbay. Au milieu de cette baie se trouvait une épave à demi échouée que les Américains avaient laissée là. Je jetai un coup d'œil plus loin, du côté droit de la baie, et je vis sur une petite pointe deux cabanes en rondins à moitié démolies et deux gros bulldozers D8. Je suppose qu'ils s'y trouvaient depuis la guerre. Au fond de la baie, un hydravion s'était écrasé sur le rivage. Plus loin, une chute descendait des montagnes et le soleil se réflétait dans son eau chantante. Je respirais doucement l'air pur et froid. Nulle âme visible à cent lieues à la ronde. L'endroit tout entier était peuplé de silence, de paix et de tranquillité.

Un matin, je sortis de la cabane dès le réveil. J'avais de la compagnie. Un gros ours se prélassait sur la grève. Plus loin, un orignal prenait son bain dans l'aube. Deux jours plus tard, un petit avion survola la région. C'était John Stephens qui

La pointe d'un iceberg.

arrivait de Goose Bay. L'hydravion se posa à la surface de l'eau, sur la baie calme, tout près de l'épave à laquelle nous étions ancrés. Le pilote ne fit que déposer John et repartit aussitôt. Au cours de l'après-midi, j'ai tenté une première exploration de l'épave. L'eau du Labrador est l'eau la plus glacée du monde. J'ai récupéré du bronze de l'épave et j'ai coupé des câbles de cuivre qui entouraient la coque pour empêcher que des mines n'y soient fixées. Il faut savoir que du temps de la guerre les bateaux pouvaient être minés; pour faire en sorte que cela ne se produise pas, on tapissait la coque de câbles de cuivre, lequel démagnétise le métal. L'hélice du bateau était en fer. Les bateaux naviguaient autrefois à l'aide d'une hélice en bronze pendant l'été — ce qui permettait d'accroître la vitesse — que l'on remplaçait par une hélice de fer l'hiver

Un jeune orignal photographié au Labrador.

venu pour qu'elle puisse fendre la glace. C'était comme changer les pneus de votre voiture selon les saisons !

Nos deux matelots de Lewis Port s'occupaient de nettoyer les métaux et de les rentrer dans la cale du bateau. Nous nous sommes rendus sur la petite base américaine, abandonnée depuis la dernière guerre. Les mouches noires y pullulaient. Sur la pointe, nous avons récupéré une mitraillette et suffisamment de douilles de fusil en bronze pour remplir trois barils. Je pense que les Américains s'exerçaient au tir en visant la lune ! Il y avait également quatre gros rouleaux de plomb qui mesuraient huit pieds de haut et pesaient environ dix tonnes chacun. Le plomb ne valait alors pas assez cher pour que nous nous en embarrassions et la distance à parcourir était trop importante pour que l'enjeu en vaille l'effort.

Le lendemain vers six heures du matin, je me suis réveillé en entendant un bruit qui semblait venir du bateau. Je me suis redressé dans mon lit quand soudain j'aperçus une paire d'yeux luisants qui me regardaient fixement par la fenêtre. C'était un Inuit qui m'observait depuis le pont. Je me suis demandé si je rêvais. J'ai bondi du lit et j'ai réveillé les autres. Nous sommes tous allés sur le pont. Sur le côté, une petite embarcation était accostée près de la nôtre. Une bâche cirée couvrait la moitié de cette embarcation. Un enfant d'environ cinq ans en est sorti, suivi d'une femme inuite. Ces inconnus nous firent une bizarre d'impression car il n'était pas censé se trouver âme qui vive à moins de cent milles de l'endroit où nous étions. L'Inuit engagea la conversation en anglais entrecoupé de mots d'inuktitut. Je lui ai demandé s'il connaissait des épaves qui valaient d'être explorées mais il ne sembla pas comprendre de quoi je parlais. Aussi, j'ai laissé tomber. Nous avions du lard à la cuisine. Le cuisinier lui en a donné un morceau en échange de quoi l'Inuit nous a lancé deux gros saumons. Les Inuits avaient depuis toujours l'habitude de pêcher le long de la côte du Labrador. En apercevant notre bateau, il avait eu l'idée de s'arrêter et de faire la connaissance des téméraires qui s'aventuraient par là.

Nous avons passé huit jours à cet endroit. J'allais pêcher dans la petite rivière en amont de la montagne où je prenais de belles grosses truites fraîches. John était des nôtres. Quand l'hydravion est arrivé, je suis parti pour Makkovik en sa compagnie. Il s'agit d'un petit village de six cents habitants à cent milles plus au nord. Les autres devaient nous y rejoindre en bateau.

Pendant que nous attendions l'arrivée du bateau, John et moi avons visité une épave à environ cent milles plus au nord, non loin de Nain. Je pouvais l'apercevoir depuis les airs, en survolant la région. Nous l'avons survolée à deux ou trois reprises sans nous arrêter, puis nous sommes revenus à Makkovik où nos compagnons sont arrivés le lendemain. Nous y sommes restés quelque temps. Il s'agissait d'un petit village fort sympathique où vivaient dans l'harmonie trois cents Blancs et trois cents Inuits. Le soir tombé, il fait tellement noir sous cette latitude qu'on n'y voit rien à un pas devant soi.

Un soir, un Inuit qui avait trop bu se mit à tirer du fusil à la ronde. Les agents de la Gendarmerie royale ne sont arrivés que le lendemain pour procéder à son arrestation ! Trois jours plus tard, ma femme me téléphona tout ébranlée car la petite s'était ébouillantée. Je n'avais aucune idée de la gravité de ses brûlures mais j'étais inquiet. J'ai tenté de louer un biplace mais aucun n'était disponible. J'ai pu monter à bord d'un appareil de la société du téléphone qui se rendait à Goose Bay, où j'ai sauté dans le premier avion en partance pour Saint-Jean. Le camion m'attendait à l'aérogare ; j'ai filé à Renews à toute vitesse, rongé par l'inquiétude. La brûlure n'était heureusement pas grave ; seul un bras avait été touché. Du coup, je me suis senti soulagé. Une semaine plus tard, le bateau entrait au port. La saison de la plongée sous-marine venait de prendre fin.

CHAPITRE XI

La froideur des nuits automnales avait fait rougir les érables alors que John se porta acquéreur de trois navires mis à la casse auprès des autorités portuaires de Québec, en l'occurrence le Cité de Québec, le Cité de Lévis et le Laviolette. Phil, ma famille et moi l'avons accompagné dans la Vieille Capitale, où nous avons passé l'automne à récupérer ce qui pouvait l'être, en particulier les métaux et le matériel encore utilisable. J'avais besoin d'argent car l'expédition de l'été précédent s'était soldée par une absence de bénéfice et je devais faire vivre femme et enfant. J'ai donc travaillé pour John pendant l'automne et le début de l'hiver de l'année 1972, jusqu'à ce qu'il refile les carcasses de bateaux à un ferrailleur de Montmagny. Toutefois, le soir du 31 décembre, sur le coup de minuit, je fis le vœu que la nouvelle année fût différente de celle qui prenait fin.

Cette fois, j'étais décidé à partir à la recherche d'un trésor. Pas des bricoles. Jusque-là j'avais sorti du ventre des navires engloutis quantité de bronze et de cuivre, des tas d'objets et d'artefacts, mais j'entendais par trésor de l'or et de l'argent. Désormais, je visais le gros lot! J'ai parlé de mon projet à John. Je lui ai proposé de participer à une véritable chasse aux trésors. Je lui ai parlé de mes recherches dans l'épave au large de Ferryland, où j'avais trouvé des pièces d'argent en 1967. J'avais trouvé le nom du bateau dans les archives de Terre-Neuve, le *Falcon*, naufragé en 1851. En cette année, le gouvernement de Sa Majesté avait fait appel à tous les marchands afin de récupérer la monnaie sud-américaine en argent et les souverains d'or, en échange desquels ils avaient touché des billets. Les espèces sonnantes en circulation avaient été acheminées dans des sacs à Halifax à bord du *Falcon* pour y être fondues et coulées en lingots. Imaginez! des pièces d'argent provenant de tous les pays frappées entre les années 1550 et 1851, ce qui en ferait un des trésors numismatiques les plus importants du monde. Selon mon estimation, il devrait y rester, actuellement, plus d'un million de pièces d'argent et d'or.

THE ASSISTANT COMMISSARY GENERAL will receive, until MONDAY next, the 5th inst., at Noon, SEALED TENDERS,

Of Sovereigns and South American Dollars in Exchange for Bills at Thirty Days' sight on the Lords Commissioners of Her Majesty's Treasury.

The Tenders to state the rate per cent. for Sovereigns and the rate Sterling per Dollar.

Commissariat, St. John's, }
2d May, 1851. }

(Full branded)

An excellent article for Bakers' use,

200 Barrels Prime

PORK.

W. & H. THOMAS & Co.

April 23   2w

Government Notices.

THE ASSISTANT COMMISSARY GENERAL will receive, until MONDAY next, the 5th inst., at noon, SEALED TENDERS,

Of Sovereigns and South American Dollars in Exchange for Bills at Thirty Days' sight on the Lords Commissioners of Her Majesty's Treasury.

The Tenders to state the rate per cent, for Sovereigns, and the rate Sterling per Dollar.

Commissariat, St. John's, }
3d May, 1851. }

THE ASSISTANT COMMISSARY GENERAL will receive SEALED TENDERS (the rates to be expressed in Sterling, in words at length) until noon on SATURDAY the 10th day of May next, for the following Supply— namely:—

850 Chaldrons Best Sydney

SCREENED COAL,

The Times.

SATURDAY, MAY 10, 1851.

LOSS OF THE FALCON.

We feel truly grieved in announcing the loss of the Steamer *Falcon*, which left this port on Wednesday night last with the mails for Halifax; but it is consolatory to learn that not a soul has been lost, and that some property has been saved, as stated in the following copy of a letter, received through an overland messenger yesterday :—

Ferryland, 8th May, 1851.

Messrs. BAINE, JOHNSTON & Co.

GENTLEMEN,—It is with deep regret I have to advise you of the loss of the Steamer *Falcon* on the north side of Ferryland narrows; she struck at about 2 o'clock, this morning, being very foggy from the time we left St. John's.

I cannot account for the accident, as I had been steering S.S.W. two hours S.W. by S one hour, and S.W. ¼ S. till she struck. It is the opinion of all persons here that the compasses must be greatly out. The vessel is sunk in 30 feet water, the weather rail under the surface;—she sunk so rapidly that very little has been saved. I have saved the mails, and will forward them as soon as weather permits. No lives lost. Mr. James Carter is rendering me every assistance.

I am, Gentlemen, your obedient servant,

(Signed) GEORGE A. CORBIN.

Isle de Bois.

It is not for us to advance an opinion respecting the loss of the ill-fated vessel : the "courses" speak for themselves, and Captain CORBIN, whose competency, as a seaman, and whose unceasing attention to life and property, have ever been admitted, need not fear the most rigid investigation, however painful the unhappy circumstance may be to his feelings.

We this morning turn our attention to the little attractive proceedings of our legislature, whose apologies are poured forth from the mouths

À mesure que j'entrais dans les détails du projet, je m'emballais et mon enthousiasme communicatif eut finalement raison de John. L'affaire était entendue et vite nous avons pris la route de Ferryland. Phil, notre capitaine, était de la partie; il était chargé de conduire le *Clarence and Walter* de Saint-Jean à Ferryland. Au mois de mai, nous avons doté le bateau d'un imposant compresseur d'air et d'un tuyau d'alimentation en caoutchouc souple qui faisait six pouces de diamètre et cent vingt pieds de long. Enfin, nous étions parés pour l'aventure! Il faisait un temps radieux. Au printemps, les glaces étaient déjà descendues du Labrador et avaient nettoyé le fond de la mer, ce qui n'arrive qu'une fois tous les dix ans.

Qui plus est, l'épave du *Falcon* se trouvait à vingt-cinq minutes du quai. Il s'agit d'une courte distance pour se rendre au travail. Sans compter que Ferryland est un charmant village peuplé de jolis cottages posés çà et là autour de la baie. Des dizaines de petits bateaux de pêche dansaient sur les flots. Tous les pêcheurs me connaissaient à présent, tous de braves gens que j'avais plaisir à retrouver! Nous avons jeté l'ancre près de l'épave et j'ai plongé sans tarder. Je fis fonctionner l'appareil de succion mais la pression était trop forte et m'a quasiment arraché le bras. Je suis vite remonté. Je n'allais pas laisser ce stupide engin l'emporter. À cet endroit, la baie ne faisait pas plus de trente pieds de profondeur. Je suis redescendu après avoir entouré le tuyau d'aspiration d'une ceinture de plomb. J'ai recommencé à aspirer le fond marin et, trois minutes plus tard, le boyau s'obstrua de nouveau. Je suis remonté avec le matériel et nous sommes rentrés au quai. Quelle journée! Il me fallait trouver un truc pour empêcher l'obstruction du tuyau d'aspiration. Ce soir-là, j'eus l'idée de souder un tamis grossier à l'extrémité du tuyau d'aspiration, pour filtrer les roches et les cailloux. Ainsi, l'appareil de succion ne serait plus engorgé.

Le lendemain, nous sommes retournés sur les lieux du naufrage et j'ai descendu l'appareil de succion dans le fond. Je me suis dit que cette fois, ça devait fonctionner. L'autre extrémité du tuyau d'aspiration ramenait les débris vers une petite embarcation que les gars dégageaient à la force de leurs bras. J'ai commencé à creuser le fond et le travail allait bon train. Il ne me semblait pas y avoir grand-chose à part de la vase et des cailloux, et je me suis dit qu'il n'y avait peut-être rien à cet endroit. Les débris défilaient tellement vite que je devais maintenir le tuyau d'aspiration sur le fond tellement la force de succion était élevée. Pour y parvenir, j'y avais attaché un morceau de fer d'environ trois cents livres sinon le tuyau d'aspiration m'aurait attiré vers la surface à une vitesse folle et j'aurais pu alors souffrir d'une embolie pulmonaire. Au milieu de tout ce brassage de roches et de gravier, je me disais qu'il y avait peu de chances de trouver un objet de valeur dans ces parages. Au bout d'une heure, j'étais épuisé et je suis remonté pour constater le résultat de mes efforts.

Je nageai jusqu'à la surface et je vis les gars qui dansaient sur le pont du bateau. Je me suis dit qu'ils étaient devenus fous. Ils me faisaient des signes et me criaient:

«Regarde les pièces d'argent!» Mon cœur bondit dans ma poitrine. Les pêcheurs avaient raison. L'histoire qu'ils m'avaient racontée à propos de leurs grands-pères qui ramassaient de l'argent sur la rive était vraie! Cette fois, pas de bobards, ils m'avaient indiqué le bon endroit. Malgré les pesées de plomb qui me ceignaient les reins, je me suis mis à danser à mon tour. C'était la fête, l'euphorie! Quelle joie je ressentais! Nous tenions enfin un vrai trésor! Modeste mais cela en était un: environ soixante-quinze pièces d'argent et une pièce d'or.

Ce jour-là, nous avons dû interrompre nos recherches parce que l'émotion était si intense que nous avions seulement envie de fêter notre première véritable découverte. J'avais envie de prendre ma femme dans mes bras et de lui annoncer la bonne nouvelle! J'ai célébré avec les gars une partie de la journée pour ensuite prendre le chemin de la maison. Au moment de mon arrivée, elle était en train de laver la vaisselle. Elle s'est tournée vers la porte aussitôt qu'elle entendit claquer la portière du camion. En voyant mon grand sourire, elle savait que j'avais une bonne nouvelle à lui annoncer. Sans préambule, je lui ai lancé sous le coup de l'enthousiasme le plus puéril: «Regarde tout cet argent! Et nous avons également trouvé une pièce d'or!» Elle a déposé le torchon à vaisselle pour s'approcher et admirer le butin. Elle semblait très heureuse de ma découverte mais je sentais que quelque chose n'allait pas. «Oh! C'est très joli! J'espère que dorénavant tu vas passer plus de temps avec ta fille et moi. Plus d'une heure par semaine en tout cas! Et puis, que tu ne passeras plus des heures au téléphone à parler de trésors avec tes amis au lieu d'être avec nous ! »

Je venais soudain de me rendre compte que, même si je m'assurais qu'elles ne manquent de rien sur le plan matériel, mes longues absences et le peu d'attention que je leur accordais avaient fini par miner nos rapports. La patience n'est pas une vertu éternellement renouvelable et ma femme avait épuisé toute la sienne. Tant de gens, d'hommes surtout, se consacrent corps et âme à leur occupation et en viennent à faire abstraction des êtres qui les aiment le plus et se soucient d'eux. J'étais parmi ceux-là. Le monologue de ma femme s'est terminé abruptement, sans que je ne puisse placer un seul mot.

Avec regret, je comprenais que mes aventures de marin l'exaspéraient mais j'en avais fait le but de ma vie. Je ne pouvais pas renoncer pour lui plaire, sinon je l'aurais regretté pour le reste de mes jours. Je ne suis pas du genre à me laisser freiner par des émotions négatives. En fait, je ne suis pas du genre à me laisser arrêter pour aucune raison, point à la ligne. Il est préférable de ne rien entreprendre si on n'est pas décidé à se rendre jusqu'au bout. Je me suis toujours promis à moi-même de terminer ce que je commence et d'aller au bout de mes décisions. Cela peut parfois sembler cruel mais je dois à ma détermination de m'avoir conduit à la concrétisation de mes rêves et d'être resté en vie toutes ces années.

Je me souviens que déjà à sept ans j'étais déterminé et j'avais mes propres idées sur la vie et les gens. À la petite école, l'institutrice s'efforçait de m'inculquer les idées reçues à propos de la religion. Je ne les partageais pas puisque j'avais les miennes et que j'y tenais. « Tu vas te retrouver en enfer et tu ne verras jamais le bon Dieu ! m'a-t-elle lancé devant la classe.

— Je n'ai rien contre Dieu mais je ne veux pas qu'on le fasse entrer de force dans ma tête. Je vais vivre éternellement et un jour, je retournerai chez moi, lui ai-je répondu.

— Mais qu'est-ce que tu dis là mon bonhomme ? Tu retourneras chez toi à seize heures comme les autres.

— C'est seulement mon chez-moi temporaire ! Moi, je vous parle de mon corps. Je ne fais que l'habiter et un jour je m'en libérerai pour retourner à mon vrai chez-moi ! »

Déjà à cet âge je troublais les gens de mon entourage à cause de mes idées marginales. L'institutrice me demanda de me taire et s'opposa vivement à ce que je communique avec les autres enfants, sous prétexte que j'allais les perturber avec mes idées excentriques. Elle téléphona à mes parents à cinq reprises durant l'année scolaire et, devant ma mère qui me pressait de tempérer mes ardeurs, je me suis finalement résolu à ne plus partager mes idées avec mes compagnons de classe. Du coup, je me suis senti encore plus seul. C'est peu après que j'ai découvert les pierres bleues dans la cour d'école et je me suis rendu compte que les gens préfèrent entendre parler de trésors plutôt que de spiritualité.

Aujourd'hui, je sais que je ne suis pas seul à penser comme je le fais et que des millions de gens partagent mes idées. Je m'estime chanceux d'avoir fréquenté l'école dans les années 1950 parce que si j'étais élève aujourd'hui, je

suis convaincu que des intervenants spécialisés me bour-
reraient de drogues et de calmants pour me faire taire
comme certains le font avec tant d'enfants.

Après l'intermède malheureux avec ma femme, je suis
retourné au *Falcon* pour continuer les recherches. L'ardeur
que je déployais après les premières trouvailles fut vite
récompensée : j'ai ramassé de pleins seaux d'objets de
bronze et de cuivre, ainsi que cinquante pièces de monnaie
en argent. La force du courant avait déplacé ces dernières
jusque-là mais je ne voyais pas d'où cet argent provenait.
J'étudiai la situation avec Phil et John. Nous nous deman-
dions où se trouvaient les objets de valeur. Phil nous fit
alors remarquer que l'or étant plus lourd, il devait se trouver dans le fond. Je ne cherchais peut-être pas au bon
endroit. À dire vrai, je n'avais aucune idée de l'endroit où
entreprendre les fouilles ni de la profondeur des fonds
marins. Il ne me restait qu'une solution : creuser à différents endroits et voir ce que ça donnerait. Je finirais bien
par trouver.

Ma tâche n'était pas facile : les trous s'emplissaient à
mesure que je les creusais. Il aurait fallu un bateau au
tonnage plus élevé et du matériel plus performant pour
faire un bon travail. Étant donné que nous n'en avions
pas les moyens, je devais continuer de creuser en différents endroits. Lorsque je me trouvais au fond, mes
mouvements étaient ralentis par le poids du tuyau
d'aspiration. Je m'activais pendant un bout de temps,
après quoi j'étais épuisé. Bientôt j'ai abandonné mes
recherches pour cette journée. La petite embarcation dans

laquelle se déversaient le sable et les pierres que j'aspirais était pleine à craquer et je n'avais recueilli que cinq ou six pièces d'argent.

Au quatrième jour de fouille, je travaillais en eaux plus profondes. J'ai creusé entre les ballasts du navire, c'est-à-dire les compartiments étanches destinés à l'eau de mer qui sert de lest et, croyez-moi, ce n'était pas une partie de plaisir. Je creusais la tête en bas pour dégager le mieux possible le fond de la cavité qu'aspirait l'appareil de succion. Le régulateur se heurtait aux parois de l'ouverture. Mon double tuyau d'alimentation en air s'entortillait au câble que j'avais fixé au fond pour assujettir le gros tuyau de succion. La seule pensée qui me faisait progresser était cet or que je cherchais. J'aimais ces piécettes dorées qui pouvaient valoir deux cents dollars et plus chacune. J'étais résolu à trouver cet or d'une façon ou d'une autre. Je savais qu'il se trouvait là. Ce qu'il y a de bien, c'est de n'avoir aucune idée du moment où vous allez devenir riche. Malgré mon enthousiasme et mon ardeur au travail, j'ai mis au jour seulement soixante pièces d'argent. Je me suis dit qu'à ce rythme j'y passerais tout l'été.

Le cinquième jour, en déplaçant les ballasts à l'aide d'un treuil, j'ai trouvé vingt autres pièces. Trois des ballasts étaient si profondément incrustés dans le sol que le câble avec lequel je les avais attachés s'est rompu à trois reprises. À la fin de la journée, les vingt ballasts étaient remontés sur le pont du bateau. Par hasard, j'ai donné à l'un d'eux un coup de marteau et trois pièces d'argent en tombèrent. Avec les années, le mouvement des vagues avait fait adhérer les pièces aux parois des blocs. Notre décision fut vite prise: il fallait tous les remonter. Le problème, c'est qu'on les comptait par milliers.

Trois jours plus tard, nous sommes retournés sur les lieux de mes premières découvertes. J'ai continué à attirer les pièces par succion et j'en ai aperçu quelques-unes défiler dans le tuyau, ce qui me motivait à aller de l'avant. Je parvenais enfin à un résultat. À ce jour, nous avions déterré une centaine de pièces d'argent. Mais où donc les pièces d'or se cachaient-elles? Je n'en avais trouvé qu'une seule mais, une chose était assurée, il devait y en avoir d'autres. Le cœur plein d'espoir, j'ai continué de creuser pour découvrir davantage de fragments de bronze et de cuivre.

Des pièces trouvées près de l'épave du Falcon.

Le bateau auprès duquel j'effectuais des fouilles mesurait au moins deux cent cinquante pieds, sa poupe se trouvait sous plus de quatre-vingts pieds de profondeur alors que sa proue reposait sous trente pieds d'eau. Ainsi, le périmètre de recherche

Une pièce de monnaie du XVIIIe siècle.

était plutôt vaste pour un seul homme. Sous une telle profondeur, il me restait peu de temps de plongée au cours d'une journée. Ainsi, je travaillais environ quarante minutes en avant-midi et autant en après-midi. Déjà, je dépassais la limite de la prudence ; c'eût été vraiment trop risqué de plonger plus longtemps à cette profondeur. Sans compter qu'il me fallait souvent dégager six pieds de gravier qui remplissait la petite embarcation à une vitesse folle qu'il fallait ensuite décharger plus loin, et ainsi de suite chaque fois qu'elle était pleine. Sa capacité était de trois tonnes, ce qui est peu en l'occurrence. Nous devions ensuite trier soigneusement tous ces débris à l'aide de passoires et de tamis. Cette tâche demandait de la patience et de la méticulosité qui n'ont jamais été mes marques de commerce.

Trouver un trésor n'est pas chose facile. Cela demande beaucoup d'efforts. Il ne suffit pas de suivre les indications sur une carte et de creuser le sol marqué d'un grand X pour mettre au jour un coffre rempli de bijoux et d'or. Je peux vous assurer que les choses ne se passent pas comme ça.

Chaque jour, nous redoublions d'efforts, espérant toujours mettre la main sur ce que nous recherchions. Nous avions maintenant accumulé plus de mille pièces d'argent mais nous n'avions pas encore trouvé d'or. Je trouvais cela étrange, d'autant que j'étais convaincu qu'il y en avait. Un jour j'ai dynamité les ballasts et je suis redescendu pour constater qu'une trentaine s'étaient brisés en deux. J'ai ramassé une trentaine de pièces d'argent qui étaient éparpillées sur tout le fond. Je les déposais à l'intérieur de mon gant de plongée à mesure que je les cueillais. J'éprouvais un vif plaisir à les sentir ainsi dans ma main. Je touchais mon rêve de plus près.

Quelques jours plus tard, deux plongeurs de Halifax sont venus nous prêter main forte. Mike et Dave ont passé quelques jours parmi nous et nous avons ainsi réussi à amasser une centaine de pièces d'argent, dont ils ont gardé la moitié en guise de souvenir. Ironiquement, nous commencions à manquer d'argent et j'avais atteint ma limite de crédit. Je devais trouver une solution pour nous sortir de l'impasse. J'aurais voulu vider l'épave de son contenu car j'estimais n'avoir récupéré que le dixième de sa valeur. Il nous fallait trouver un commanditaire ou un soutien matériel quelconque. Cette préoccupation devenait d'autant plus pressante que les hommes de l'équipage n'avaient pas le droit de toucher des prestations d'assurance-chômage pendant les mois d'hiver. Il y allait de leur survie.

Nous plongions depuis deux mois jusqu'à cette épave. Nous avions recueilli des milliers de pièces d'argent provenant de divers pays et datant de différentes époques.

Les pièces avaient été frappées entre les années 1600 et 1851. Leur caractère ancien et leurs origines diverses leur conféraient de la valeur mais il me fallait trouver des pièces d'or. C'est alors seulement que nous pourrions obtenir davantage d'argent pour notre entreprise. Malgré mon bel optimisme, il n'y avait pas le moindre sequin d'or en perspective et il semblait impossible d'en trouver.

Avec l'énergie du désespoir, je me suis mis à creuser plus en avant du navire mais le tuyau d'alimentation en air n'était pas suffisamment long pour que je puisse travailler à mon aise. Je déplaçais le gravier de mes mains. Soudain, j'ai vu miroiter une pièce rutilante qui adhérait à deux pièces d'argent. Je l'ai gardée précieusement dans ma main et, une fois remonté, j'ai vite constaté qu'elle était en or. Fou de joie, je suis redescendu. J'ai creusé, creusé et creusé encore pour finir par trouver une trentaine de pièces d'argent. Encore une fois, il n'y avait pas de pièces d'or, à part les deux seules que j'avais trouvées. Elles devaient pourtant provenir de quelque part et n'étaient assurément pas les seules à bord. Il devait s'en trouver des milliers sur ce seul périmètre de recherche. Je me suis même demandé si deux navires n'étaient pas échoués à cet endroit plutôt qu'un seul.

Pour pousser plus loin les recherches, il aurait fallu déplacer des tonnes de gravier et les sortir de l'eau à l'aide d'un conteneur flottant et d'une grue. Nous aurions pu amasser des centaines de milliers de pièces d'argent, assez pour réjouir tous les collectionneurs de l'Amérique du Nord. Je suis persuadé qu'il reste encore aujourd'hui des quantités de pièces d'or et d'argent, que nous n'en avons recouvré qu'une faible proportion et que d'autres que moi finiront par les dénicher un jour. S'il y a des intéressés, vous n'avez qu'à communiquer avec moi et je vous ferai part de l'emplacement exact de cette épave. Quant à nous, nous manquions cruellement d'argent, et John et moi avons convenu de mettre fin à nos fouilles et de chercher du soutien matériel.

Nous nous sommes rendus à Montréal dans l'espoir de trouver un commanditaire qui croirait en notre projet et voudrait le soutenir matériellement. Hélas! les gens désireux d'investir dans ce genre d'entreprise étaient rares. Nous avons même fait paraître une petite annonce dans les journaux, à laquelle personne n'a répondu. Certes, nous aurions pu faire notre publicité à Saint-Jean, mais nous ne voulions pas voir des concurrents accourir sur les lieux de notre découverte. Nous sommes allés à Toronto pour y faire nettoyer les pièces retrouvées. L'une d'elles provenait de l'île de Saint-Vincent dans les Caraïbes; une croix était estampée en son milieu. On ne compte que trois pièces semblables dans le monde entier. Il s'agissait de mon premier séjour à Toronto et j'en ai profité quelques jours, après quoi nous sommes rentrés à Saint-Jean.

Nous étions de nouveau à l'automne et l'équipage était surmené. Personne n'avait suffisamment d'argent pour passer l'hiver. J'ai vendu trois cent cinquante dollars cinquante pièces d'argent au musée de Saint-Jean. John a contracté un emprunt auprès d'un avocat en lui remettant des pièces d'argent en garantie. Nous devions le rembourser en l'espace de six mois, ce que nous n'avons pas été en mesure de faire. Notre créancier a alors vendu les pièces d'argent à une société new-yorkaise spécialisée dans ce genre de transaction. La chasse aux trésors était terminée à cet endroit mais je suis convaincu que cette épave recèle beaucoup d'argent. Je pense que l'or, en raison de son poids, se trouve plus au fond encore et je suis sûr qu'il y en a beaucoup. Selon l'évaluation de Mike Knight, un numismate réputé, en 1972 ce trésor valait entre cent vingt mille et deux cent cinquante mille dollars canadiens. Aujourd'hui, il vaut peut-être un million de dollars. Sauf qu'aujourd'hui les bateaux naufragés sont protégés par les lois de Terre-Neuve et c'est tant mieux ! Si c'était à refaire, je travaillerais probablement pour le compte d'un musée, muni d'une caméra et d'un pic.

Pour ma part, cette expérience, loin de m'avoir découragé, m'avait ouvert l'appétit. J'étais désireux de reprendre la chasse aux trésors. J'avais un sentiment d'urgence, de quête inachevée. Je savais sciemment qu'il me restait encore quelque chose à accomplir. Je n'avais pas trouvé ce que je cherchais réellement. Je n'avais pas atteint mon but. Ma voix intérieure me dictait d'aller de l'avant.

Rare coins hoisted from sea

By WALTER PORONOVICH

Three enterprising and determined men, after several years of investigation and diving, finally struck it rich when they came up with 28 pounds of coins lodged for more than two centuries in a sunken vessel.

Mostly of Mexican-Spanish origin, the coins have a value ranging from $80,000 to $120,000, according to the latest numismatic catalogue. But nearly half of the find has yet to be cleaned and identified, so the value could rise astronomically, they claim.

The search for sunken treasure was begin strictly for mercenary reasons four years ago by Halifax businessman J. W. Stephens, professional diver Marcel Robillard, a former Montrealer who lives in Renews, Nfld., and numismatist Mike Knight of St. John's, Nfld.

The three men are in Montreal to tell of their success to date and to meet with local numismatists.

Hoses used

They had been working off the southern coast of Newfoundland since 1968 before hitting on their find, using suction hoses and even bare hands to recover hoped-for treasures.

Said Mr. Robillard: "The hoses, of course, pick up every conceivable type of debris. It all has to be sorted out piece by piece."

Tales of sunken ships harboring untold treasures are not new, of course, since vessels have been sinking off the wild Atlantic coastline for hundreds of years. Treasure-hunters have dedicated their lifetimes — and sometimes their very lives — in hopes of reaping riches from the sea.

Occasional finds by other treasure-hunters spurred the trio on.

Mr. Stephens said they could not determine the national origin of the vessel that harbored their discovery since everything but the iron hull had disintegrated.

Since most of the coins are of Mexican-Spanish origin, however, it is assumed the vessel was Spanish and could have sunk to its grave off Newfoundland's south coast in 1832, the latest date of one of the coins recovered.

Several cannonballs and the remnants of a cannon were also brought up by Mr. Robillard, who is keeping them as souvenirs.

Among the coins recovered by the party, which continued to work through last summer, is a 1730 silver "real" attributed to the island of St. Vincent in the Caribbean. Mr. Stephens said it was one of six known to exist in the world.

Other coins

Another coin found was a 1798 U.S. silver dollar.

Also found was a platinum coin, the value of which is being studied.

About half of the coins found during the summer were twisted, mutilated and defaced beyond recognition. Mr. Robillard explained that this was the result of constant battering by swells.

Some of the coins were actually imbedded in the iron hull and had to be pried out with great difficulty.

Mr. Robillard has also found evidence that the treasure had been sought years ago by other adventurers.

"I noticed there were some abandoned jiggers there and they looked pretty eroded. They could have been there for decades," he said.

Mr. Stephens said he hopes to acquire court rights to certain areas off the Newfoundland coast to pursue the hunt for lost treasure.

"With hundreds of vessels lying untouched there, there's no telling what we may find," he said.

Staff Photo by Paul Taillefer

A TREASURE IN COINS: Looking over old coins they recovered from an ancient sunken vessel off the coast of Newfoundland are, from left: numismatist Mike Knight, businessman J. W. Stephens, and diver Marcel Robillard.

He found his treasure... there's still more there

Many people dream of sometimes finding a sunken or hidden treasure. . . but very few people ever find it.

However, one of the lucky ones was 27-year-old Marcel Robillard, a native of Montreal who has been in Newfoundland since 1965 and who, in early August of this year, recovered a large quantity of coins—some of them more than 200 years old—from the sunken wreck of a mail ship on the coast of the Southern Shore.

While Mr. Robillard feels there are probably ten times as many coins still in the wreck, the catalogue value for those he has already recovered could go as high as $80,000.

The coins were recovered from the wreck of the S.S. Falcon, a mail ship which was on a regular run between Halifax and St. John's, and which sank in 1851, about half a mile from the shore at Ferryland. The remains of the vessel were found in about 50 feet of water.

Mr. Robillard told The Telegram Friday that he had been working on this project for six years when he first heard about the wreck from fishermen in the area. He has been diving to investigate ship-wrecks all over Newfoundland for the past seven years. Prior to that he did some diving in Montreal and Nova Scotia.

Mr. Robillard, in partnership with J. W. Stephens of Halifax, had raised some $12,000 for the expedition to explore the wreck of the Falcon, but now most of these funds have been used up and Mr. Robillard says he will have to raise more money before he can go after the remaining coins.

The coins he has recovered are currency from some 16 countries, including the United States, Mexico, most South American countries, and St. Vincent, in the West Indies. They bear dates from the 1700s and the early 1800s.

Mr. Robillard says the coins include a silver two real and a silver four real believed to be from St. Vincent Island which he believes to be the first of their kind recovered in Canada. There are also a gold piece from Brazil, which has a book value of $175; and a U.S. $1 piece. Many of the coins bear countermarks, thereby increasing their value.

The diver said that he and two divers from Halifax—Mike Clark and Dave Walker—used a suction hose to get many of the coins. Some of the coins are badly marked and disfigured but others are in fairly good condition and some are hardly even marked.

Mr. Robillard said that he understands that by law the federal government can claim 10 per cent of his treasure but he has no idea of what the situation is regarding provincial laws.

Vincent McCarthy, provincial deputy minister of justice, told The Telegram that as far as he knows there is no law at all in Newfoundland concerning the recovering of coins from shipwrecks and the province has no claim whatsoever on the coins.

Mr. Robillard said he has a lawyer working on the matter and he hopes to acquire court rights to certain areas of the Newfoundland coast to pursue the hunt for lost treasure.

Regarding the coins now in his possession, he said he would be interested in making a deal with the Newfoundland government regarding some of the coins at least, as he realizes the historical value they would have for the province.

He has not decided what to do about having the coins cleaned up as he understands some coin collectors like to keep them in the condition in which they are recovered and others like to clean them themselves.

Mr. Robillard, who now resides in Renews with his Newfoundland-born wife, says he has come to love Newfoundland since he first arrived in the province in 1965 and he does not want to live anywhere else.

He came to Newfoundland from Nova Scotia where he had heard reports of many ship wrecks around the Newfoundland coastline.

After hearing about the Falcon he began diving in the area. While diving he came across some pig iron ballast, and upon moving it, he discovered two old coins stuck together.

He continued diving in the area and at various times came across more coins, usually four or five at the one time.

Last fall, having formed a partnership with Mr. Stevens, he began working toward a thorough search of the wreck, and between them, the two men managed to raise some $12,000.

The main search was carried out in July and August and part of September of this year, and the main bulk of the coins he now has were found in early August.

Mr. Robillard said he will continue diving in the area regularly but he will have to raise more funds before he can make a serious attempt to recover the many coins he feels are still lying in the wreck.

Mr. Robillard hopes next year to write a book about his experiences in diving and exploring sunken ship.wrecks.

Medical health officer's report on Labrador still being studied

A report on recent outbreaks of hepatitis in Labrador will not be released until all government departments concerned with the mainland part of the province are consulted says Health Minister Dr. A. T. Rowe.

In August, Dr. David Severs, chief medical health officer, spent about a week visiting coastal communities in northern Labrador · in connection with the hepatitis epidemic. He reported back to the health minister upon his return to St. John's, but the report has not yet been made public.

Dr. Rowe said parts of the report involve other departments, and they are now studying it. The other departments are social services and rehabilitation and municipal affairs and Labrador affairs. Dr. Rowe also said the appropriate federal agencies are also looking at the report.

The health minister did not say how long it will be until a statement on Dr. Severs' findings is released.

The hepatitis outbreak came to public attention through Opposition Leader Ed Roberts who made public a report from Dr. W. A. Paddon, director of northern medical services with the International Grenfell Association. Dr. Paddon, in the report, said drinking water · in many coastal communities is contaminated and some people are drinking "virtual sewage." He named Cartwright, Hopedale, Makkovik, North West River, Rigolet and Nain as most affected by the outbreak.

Dr. Rowe said the government is keeping a constant watch on the situation.

Moores, ministers meet with Price Co. officals

GRAND FALLS — Premier Frank Moores, two of his ministers and his special adviser, Dr. Stuart Peters, were in Grand Falls Friday attending a luncheon meeting with T. Ross Moore, chairman of the board and president of the Price Company.

Resources Minister C. W. Doody and Finance Minister John C. Crosbie attended the meeting along with other directors of the Price Company, who were in Grand Falls for the annual meeting of the parent company.

The meeting served only as an opportunity for the premier to meet with the board of directors of the company said Resources Minister Doody.

20 Cents

St. John's, Newfoundland Saturday,

Telegram photo

Sunkèn treasure

Twenty-seven-year-old Marcel Robillard, a native of Montreal now residing in Renews, Southern Shore, displays some of the coins he has recovered from the wreck of the S.S. Falcon which sank off Ferryland in 1851. Some of the coins are more than 200 years old and Mr. Robillard says the catalogue value of the coins could go as high as $80,000. However, he feels there are perhaps 10 times as many coins still lying in the wreck. Mr. Robillard has been working on the project for six years. The coins are currency from 16 countries including the United States, Mexico, Brazil, Peru, other South American countries and St. Vincent, in the West Indies. Mr. Robillard, who has formed a partnership with J. W. Stephens of Halifax, says they have spent some $12,000 on the project to date. While it appears the federal government can claim 10 per cent

Sw
co

The decision t
fiscal agent ma
government in a s
that saw them att
when that par
Newfoundland.

Speculation tha
and some of
disagreed over
Ames and Co. L.
false. However, 1
that a public re
George McLean i
representative f
Denton, the comp
will be Newfoun

McLean did put
PCs in the last t
in Newfoundland
received a score
including one for
film on the New
It is controvers
closely resemble
between the fom
and the Toronto
Associates.

Goldfarb, in
Liberals were
survey into the p
while conducting
the Liberal part

At the time, I
Crosbie, then ch
Group in the I
motion calling fo
incident.

The motion by
the then leader
house, A.J.Mur
with Goldfarb v
serious impropr:

Inside

Advances in media

Electronic media is a part of North American life and television, radio, tape recorders, film and cassettes are becoming as common in the schools as they are in the home.

The instructional materials, school broadcasts divisions of the province are keeping up with the advances in technology and implementing them in Newfoundland schools.

Our program is as up-to-date as any and with proper planning could be a leader in educational communications. For more information see Sheila Gushue's article page 11.

No backers for treasure hunters

Two men who have discovered what they believe to be $80,000 worth of coins in an old ship are having a difficult time getting a third partner to finance another trip to recover the estimated 10 times as many coins still remaining.

Marcel Robillard and John Stephens, who in early August recovered the coins from the S.S. Falcon, a mail ship which sank off the south coast in 1851, said that they find it hard to believe they have not heard from any possible backers since the story appeared in The Telegram last Saturday.

Mr. Stephens said he thought the reason for the

seeming lack of interest is the fact that the two men are hard to locate. He said they are trying to find someone who will take the $80,000 in coins as collateral and finance their efforts to recover the remainder of the coins. They can be contacted at Hotel Newfoundland.

Mr. Stephens, who provided the initial collateral and equipment while Robillard did most of the diving, commented that he believes they have only scratched the surface. They are determined to go back to the wreck and Stephens said they are just waiting for a financial backer.

CHAPITRE XII

À l'automne de 1972, John fit l'acquisition d'un baleinier baptisé Fumi, fort bien doté de tout le matériel nécessaire à nos projets d'exploration. Il m'a embauché pour veiller à l'exploitation du navire et à la supervision des six hommes d'équipage. J'avais en poche un contrat de trois mois ; j'avais donc du travail pendant l'hiver, pour lequel j'effectuais également de fréquents déplacements à l'intérieur du pays, aux frais de l'entreprise de John, sans compter le salaire qu'il me versait. Sur le plan pécuniaire, les choses se passaient bien. Je voyageais, je faisais chaque jour de nouvelles connaissances et je n'avais pas de soucis financiers. N'empêche, je formais d'autres projets. Mon esprit dérivait ailleurs...

En 1973, alors que le Fumi mouillait dans le port de Renews, je revis Mike Clarke et Dave Walker, deux excellents plongeurs qui avaient déjà fait de l'exploration sous-marine en ma compagnie deux années auparavant et qui se disaient désireux de recommencer. L'un était originaire de Terre-Neuve, l'autre de Halifax. Mike me proposa de reprendre l'exploration des épaves au large de St. Shotts et de Trepassey. Je n'allais pas rater une telle occasion de renouer avec les copains et l'aventure !

Je leur ai proposé d'explorer une épave qui gisait non loin de Calver. Il s'agissait d'un navire qui avait subi le feu d'un sous-marin ennemi au cours de la dernière guerre. L'attaque était survenue au large de Cape Race à Terre-Neuve. Le navire avait été gravement atteint mais la marine royale canadienne avait dépêché des renforts sur les lieux afin de le remorquer avant qu'il ne s'engloutisse. C'est une entreprise hasardeuse que de tenter de remorquer un navire que l'eau infiltre davantage chaque instant. Devant leur insuccès assuré, les secouristes décidèrent de le remorquer dans la baie de Calver, le plus près possible de la grève, sachant que la récupération de sa cargaison serait plus facile en eaux moins profondes. Alors même que le convoi entrait dans la baie, la pression fit éclater les cloisons du navire qui sombra sous plus de deux cents pieds d'eau avec trois marins à son bord qui firent leur devoir jusqu'au bout.

On racontait qu'une grande quantité d'or se trouvait dans les cales de ce navire, d'où l'importance que les autorités lui accordaient. Des pêcheurs m'avaient confié que d'autres téméraires avant moi s'étaient risqués à plonger à ces profondeurs et avaient contracté la maladie des caissons. Ils ne sont jamais parvenus au coffre-fort. Je connais précisément l'emplacement de cette épave qui gît à 200 pieds de profondeur. Personne ne s'y est risqué depuis. C'est du moins ce que m'ont raconté des pêcheurs terre-neuviens de ma connaissance qui sont dignes de foi.

En revenant à Trepassey, Mike, Dave et moi avons poursuivi l'exploration des fonds marins pendant quelques mois mais sans trouver rien qui en vaille la peine. Pour ma part, j'avais déjà scruté à la loupe toute la zone digne d'intérêt et j'en avais fait le tour. Un jour où j'étais retenu par d'autres occupations, Mike et Dave partirent en bateau afin de se rendre à Portugal Cove fouiller une épave qui contenait une forte cargaison de plomb. Ils se risquèrent à la dynamiter sans prendre la précaution de déplacer le *Clarence and Walter* avant d'actionner le détonateur. Ils croyaient que la charge fixée à l'épave n'était pas suffisante pour abîmer la coque de notre navire mais ils avaient tort. L'explosion endommagea la carène qui se fissura de façon imperceptible au début, jusqu'à prendre l'eau et, dans les semaines qui suivirent, le *Clarence and Walter* qui nous avait conduits à tant d'aventures sombra dignement dans la baie de Trepassey.

Peu après la disparition du *Clarence and Walter*, dont je garde des souvenirs heureux, ce fut au tour du capitaine Phil de tirer sa révérence et de rentrer à Renews pour y pêcher calmement la morue. Moi, je restais à l'emploi de John pour le compte de qui je poursuivais les recherches et lui transigeait les métaux, les navires et le matériel d'exploration sous-marine. Mais, par suite du naufrage du *Clarence and Walter*, un ressort intérieur s'était détendu et je n'avais plus le feu sacré.

À l'hiver de 1974, je suis allé rendre visite à Mike au cottage début de siècle qu'il avait pris en location dans les environs de Trepassey. Ce type m'avait toujours fait bonne impression. J'estimais sa vive intelligence, son humour pince-sans-rire et son adresse de navigateur. Mike ferait un excellent capitaine. Je lui fis part de mon idée de retourner fouiller les épaves de deux navires de guerre étatsuniens qui avaient sombré dans les eaux près de St. Lawrence. La bougeotte me reprenait, ce qui ne plaisait pas à ma femme. Mais, après une période d'essoufflement et de remise en question, le goût de l'aventure revenait de plus belle. Je me sentais de nouveau parmi les vivants.

J'ai consacré le triste mois de février à préparer l'expédition dans ses moindres détails, au milieu des reproches acerbes de mon épouse qui finit par demander le divorce. À l'entendre prononcer ce mot, j'eus l'impression qu'un grand coup de masse m'avait sonné et ramené à une réalité que je cherchais à fuir depuis longtemps déjà. Je me faisais l'impression d'un enfant perdu, privé du sens de l'orientation. Pour être honnête, je savais que je l'avais bien cherché. Nous avions vécu notre vie de couple à l'écart l'un de l'autre ; à elle les besognes domestiques et l'éducation de notre fille, à moi les aventures en mer avec les copains. Il aurait fallu beaucoup de mauvaise foi pour lui donner tort mais moi je n'étais pas prêt à changer ma vie pour pantoufler auprès du poêle.

Je suis donc retourné chez Mike à Trepassey complètement abattu, la mine défaite. Pour chasser les idées noires, je me suis jeté dans la planification de la prochaine aventure. Il nous fallait bien sûr un bateau, sans lequel il était inutile de rêver. Nous avons conclu un marché avec un pêcheur du village en vertu duquel nous faisions la location de son navire de quarante-cinq pieds. Toutefois, nous avons connu cette année-là un hiver des plus rigoureux et les eaux de la baie étaient gelées à tel point que même des charges de dynamite ne purent venir à bout des glaces. Rien n'y faisait. Notre embarcation restait coincée et il ne fallait plus qu'attendre le dégel pour la sortir de là. Imaginez! nous avons patienté jusqu'en mai afin d'appareiller pour St. Lawrence.

Le temps était à présent radieux et jouait en notre faveur. Nous avons vite repéré les deux navires de guerre américains. Le premier était une corvette qui faisait environ cent soixante pieds et l'autre, un monstre métallique de plus de quatre cents pieds. Pendant la Deuxième Guerre mondiale, ces bâtiments d'escorte faisaient la lutte contre les sous-marins. La corvette se révéla riche en bronze et en munitions. Au fil de mes explorations, j'ai aperçu une sorte d'hélice que j'ai fixée à un câble pour la remonter. Mais, aussitôt à la surface, je me suis rendu compte qu'il s'agissait d'une torpille. Très rapidement, nous avons coupé les câbles des ancres et nous avons conduit le bateau en eau profonde. Avec l'adresse et la célérité d'un chirurgien, nous avons défait le câble qui retenait la torpille pour l'envoyer au fond. Elle n'a pas explosé. Ouf! Cette fois, j'ai vraiment eu chaud!

Par la suite, nous nous sommes intéressés à l'épave la plus imposante. Elle contenait de nombreux arbres d'hélices et des milliers de cadenas de bronze qui nous intéressaient. La zone du sinistre s'étendait sur environ mille pieds carrés à quelque cent vingt pieds de profondeur. J'ai décidé d'inspecter les lieux. Je me dirigeai plus au large, à cent pieds de profondeur, où l'eau était claire et le fond sablonneux. Plus je descendais, plus les poissons étaient nombreux. Soudain il s'en trouva des milliers et, en y regardant de plus près, je me suis aperçu qu'il s'agissait de petits requins. Leurs mouvements chorégraphiques étaient très gracieux. Ils nageaient tous ensemble en effectuant des déplacements synchronisés qui rappelaient le ballet. Cette espèce de requin n'a de dangereux que le nom, car il n'attaque pas l'homme.

En foulant le sol, j'ai bientôt aperçu un monceau de fils de cuivre. J'ai fait à l'intention de mon assistant le signal convenu pour qu'il descende un câble que j'ai attaché aux fils avant de les faire remonter. Nous en avions une tonne environ qui devait faire partie de la cargaison du bateau. Le fond marin était également couvert de centaines de bombes d'environ mille livres chacune. Le moteur était un monstre de ferraille rouillée de soixante pieds de long sur quinze pieds de haut.

Un jour, alors que je préparais la charge de dynamite pour faire exploser les arbres d'hélices en bronze, Mike descendit me rejoindre. Je lui conseillai de ne pas poser de dynamite à proximité des bombes avant de lui confier une centaine de bâtons ficelés en paquets de dix et liés à une charge d'amorce. Nous nous trouvions à environ soixante-quinze pieds de profondeur. Il posa les charges et puis remonta. Nous avons détaché les ancres afin de déplacer notre bateau avant d'actionner les détonateurs. Étant donné la quantité de bombes qui jonchaient le fond de l'eau, il fallait se montrer d'une grande prudence. Nous

nous sommes éloignés de manière à prévoir une bonne encablure. C'est alors que Mike me jeta un bref coup d'œil et me dit qu'il valait mieux doubler cette longueur. J'ai tout de suite su qu'il avait passé outre à mes instructions et qu'il avait placé des charges d'explosifs près des bombes. Je n'aimais pas cela. On n'encourt pas de risques aussi élevés simplement pour le plaisir de la pétarade. Nous avons actionné le détonateur et l'explosion fut de taille. Par chance, il ne se trouvait aucune habitation à moins de vingt milles à la ronde car ses fenêtres auraient volé en éclats. La secousse fut telle que des pierres roulèrent des escarpements rocheux qui bordaient l'eau. J'étais furieux contre Mike. Sa mauvaise plaisanterie aurait

L'explosion du dynamitage d'une épave.

pu nous coûter la vie. Imaginez des plaques de fer de cinquante pieds carrés qui jaillissaient à dix pieds au-dessus du niveau de l'eau! Il fallait un déploiement de force titanesque pour soulever de la sorte une telle charge. Par chance, en raison de la pression, les plaques surgissaient à la verticale, autrement, je ne serais plus ici pour vous raconter cette histoire. Nous avons réintégré le bateau afin de planifier la prochaine descente. J'espérais seulement que quelques vestiges aient résisté à la défla-gration.

Un cadenas en bronze.

J'ai plongé de nouveau deux heures plus tard, le temps que l'eau brouillée puisse s'éclaircir. Le moteur géant était désormais réduit en pièces. Tout le paysage marin avait été transformé sous le choc de l'impact. Je ne reconnaissais plus les lieux. On aurait dit une zone sinistrée. Les grands arbres d'hélices en bronze avaient disparu. J'ai réussi à récupérer une dizaine de barils de fragments de bronze, notamment des cadenas qui se trouvaient vers l'avant de l'épave. Je suis convaincu que les antiquaires m'en donneraient gros aujourd'hui. J'ai travaillé pendant deux autres mois mais ma concentration et mon ardeur au travail ne m'empêchaient pas de songer à ma famille. En fait, je n'avais plus de famille et cette idée assombrissait mes journées. Ma femme me manquait beaucoup.

La seule qui me restait à présent était ma fille. Elle avait presque quatre ans. Déjà à cet âge, elle montrait la vive intelligence de sa mère. Elles avaient forgé un lien très fort pendant mes nombreuses absences et j'avais parfois le sentiment d'être un étranger lorsque je revenais pour un bref intermède auprès d'elles. Il m'arrivait d'en avoir assez de l'existence que je menais, de souhaiter une vie plus rangée, le bonheur tranquille de l'ouvrier qui rentre chaque soir dans sa banlieue. Je dois dire que j'étais physiquement et psychologiquement exténué. J'étais vidé de toute énergie. L'aventure était certes trépidante mais elle usait son homme. Il m'est arrivé de plonger alors que j'étais enrhumé ; les globules de mes sinus ont alors éclaté et mon masque s'est rempli de sang. La pression à l'intérieur de mes oreilles ne parvenait plus à s'équilibrer. J'ai souvent encouru le risque de me défoncer les tympans. À trente-trois ans, après tant d'années passées dans les mers froides à risquer sa vie, le héros était fatigué.

Je suis rentré à Montréal pendant quelque temps pour y reprendre mon ancienne vie mais l'insatisfaction perdurait. Cette existence n'était pas davantage la mienne. Ce fut l'époque des interrogations, des remises en question, des tergiversations. En fait, je ne savais plus ce que je voulais. Une chose était sûre, j'adorais la mer et l'occupation de plongeur me passionnait mais il fallait me rendre à l'évidence : je devais mettre l'aventure entre parenthèses pendant une période indéterminée.

Ainsi que je l'avais souvent fait en un moment de déprime, j'ai joint John au téléphone pour lui confier mes soucis. Il m'a proposé de le rejoindre à Halifax où j'ai passé deux mois. Un jour, j'ai loué une voiture et j'ai pris la route de Saint-Jean. Quelque chose, comme un fil invisible, m'y ramenait constamment. Dès que j'ai foulé le sol de Terre-Neuve, je me suis de nouveau senti heureux. Je me suis empressé de rendre visite à ma fille. J'eus la surprise d'apprendre que mon ancienne femme partageait désormais sa vie avec un autre homme. En m'apercevant, la petite vint vers moi mais son malaise était palpable. Après une absence d'une année, elle était intimidée en ma présence. Et les nombreux coups de téléphone que je lui avais passés ne changeaient rien à l'affaire. Je l'ai emmenée faire une promenade dans Saint-Jean. Je m'acquittais mal de mon rôle de père. J'ignorais comment occuper mes journées en compagnie de ma fille. J'aurais aimé savoir quoi faire. Je voulais être un père dévoué et j'aurais aimé avoir beaucoup d'enfants mais je n'ai pas atteint ce but. J'ai fait autre chose de ma vie qui ne permettait pas d'atteindre le bonheur familial.

J'ai tenté plus tard de refaire une vie à deux. J'avais fait la connaissance d'une très jolie fille originaire de St. Bride's prénommée Theresa. Elle me suivait dans tous mes déplacements. Elle était mère d'un petit bonhomme de deux ans, Dave, qui me considérait comme son papa. Nous avons passé quatre belles années ensemble, à une époque de remise en question pour moi. Mon indécision sur le plan professionnel, le questionnement psychologique qui me troublait, le sens que je désirais donner à ma vie eurent bientôt raison de notre amour. J'en avais plus qu'assez de ces expéditions qui se terminaient en queue de poisson et se soldaient par un déficit. J'étais miné par le manque chronique d'argent et démotivé devant l'absence de résultats après tant d'années d'efforts. Je me sentais désormais trop vieux pour exercer le métier de plongeur et je laissais à d'autres la chasse aux trésors. Il ne s'agissait probablement que d'un prétexte auquel je cédai alors. Dans un geste de découragement brut, j'ai décidé de tout abandonner et de prendre le premier avion pour Montréal.

De retour dans la métropole, j'ai monté une petite entreprise de réparation automobile en compagnie de mon frère. Les affaires n'ont pas tardé à bien rouler, le garage est devenu prospère mais un jour l'ennui a réapparu. La monotonie de cette existence me rongeait jusqu'à la moelle. Les gestes routiniers me tuaient un peu plus lentement chaque jour. Je me démontais comme je le faisais avec les moteurs des véhicules accidentés qui nous étaient confiés. Un ressort s'était cassé que je n'arrivais plus à réparer.

CHAPITRE XIII

Les révélations importantes prennent rarement la forme escomptée. Qu'une idée lumineuse puisse soudain s'imposer à la conscience jusqu'à devenir une évidence, alors qu'hier encore elle nous échappait, demeure l'un des rares phénomènes inexpliqués. Quelle mathématique savante peut expliquer l'équation entre les vibrations que capte notre esprit et leur transfert dans notre chair par le véhicule des émotions?

En ce qui me concerne, la lumière s'est faite en moi de la manière la plus inusitée qui soit. J'étais au garage en train d'effectuer une vidange d'huile lorsqu'un jeune mécanicien que nous venions d'embaucher s'est approché de moi et m'a considéré d'un air dubitatif. Il me demanda soudain comment, à mon avis, nous nous étions retrouvés en ce jour dans ce garage à réparer des autos. Selon lui, la vie devait avoir une signification plus profonde. Notre existence ne pouvait se résumer à venir chaque matin au travail et à regarder chaque soir la télé. De prime abord, ce genre de questionnement me semblait superflu alors que je regardais sous un capot d'automobile pour vérifier les bougies. Mais, plutôt que de montrer mon agacement, je me suis aussitôt rendu à son idée et sa remise en question a fait surgir d'autres interrogations en moi.

Pendant que je m'affairais consciencieusement à régler un carburateur, des tas de questions me traversaient l'esprit. Surtout, je me suis demandé comment j'avais fait pour me retrouver là, retenu dans les limites étroites de ce garage, les mains noircies d'huile et de carburant, alors que je rêvais de grands espaces aquatiques et de la liberté des dauphins. Pendant un moment, j'ai senti un énorme vide qui s'ouvrit sous mes pieds comme un gouffre et fit monter les vapeurs du vertige. Par quelle trahison de mon être m'étais-je retrouvé si loin de mes aspirations à mener une existence qui ne me ressemblait pas?

Je devais trouver un sens à ma vie et surtout connaître les véritables ressorts de mes actions qui m'avaient détourné de mon idéal. Le soir même, j'ai fait une chose que je n'avais jamais faite auparavant: je me suis rendu à la bibliothèque municipale et j'ai parcouru les rayons à la recherche de je ne savais trop quel livre. Une certitude s'imposait cependant: ma vie devait changer et retrouver le cours qui correspondait à mon inclination naturelle. J'étais à la recherche de sens, de lumière et d'inspiration. J'éprouvais un sentiment d'urgence devant cette nécessité. J'eus peine à croire que j'étais celui qui empruntait autant d'ouvrages de philosophie et de religion, de traités de spiritualité, d'essais sur les vies antérieures.

Les semaines qui suivirent furent consacrées à la lecture. J'ai dévoré des tas d'ouvrages avec une féroce volonté d'aller plus avant à mesure que les mots mettaient en lumière mes penchants innés. J'ai tout absorbé avec l'avidité d'un nouveau-né qui a faim et soif. Les forces qui actionnaient les mécanismes de mon être étaient enfin nommées. Les ouvrages qui ont le mieux orienté mon regard sur la vie portaient sur les philosophies religieuses axées sur les vies antérieures telles que le bouddhisme et l'hindouisme. Ces idées trouvaient une résonance en moi. La transformation intérieure qui a opéré m'a troublé sans toutefois me faire de mal. J'avais toujours eu le sentiment d'avoir vécu avant ma vie présente. Je n'avais aucune difficulté à faire remonter des souvenirs enfouis au plus profond de moi. Des images sont apparues d'une vie antérieure, des visages, des voix, des cris aussi. À mesure que ma démarche progressait, une conviction profonde s'est installée: mon attachement envers Terre-Neuve et l'*Anglo-Saxon* s'expliquait du fait que j'avais été capitaine de ce bateau. Un pan entier de l'existence venait d'apparaître qui donnait tout son sens au reste.

Dans un premier temps après cet éveil, ma réaction initiale en fut une de déni. Je me suis répété ce que tout homme soi-disant sensé se serait dit à ma place: «Ce n'est pas possible, cesse tes bêtises et retourne travailler!» Mais, malgré mes efforts de dénégation, les images d'une existence antérieure s'imprimaient avec persistance dans ma tête. Le soir venu, juste avant de trouver le sommeil, je voyais la scène se dérouler sous mes yeux. Je pouvais reconstituer les événements ayant conduit à notre départ de l'Angleterre jusqu'à la tempête qui a eu raison du navire. J'ai revu s'abattre les voiles et sombrer le grand vaisseau, des corps givrés flotter dans les eaux glacées, et j'ai compris qu'un fil invisible me liait encore à eux. Le soir de l'accident, j'avais déployé des efforts considérables dans le but de sauver le navire, les passagers et la cargaison. Mais une voix intérieure me disait que j'aurais pu faire davantage. Je ne m'étais jamais pardonné ce naufrage et ces morts. C'est à ce moment-là que j'ai compris pourquoi l'*Anglo-Saxon* me faisait porter une charge émotive aussi lourde. J'étais rongé par le remords depuis cent vingt ans.

C'est alors que la lumière a triomphé de mes ténèbres. J'ai compris que je véhiculais toujours la charge émotive de cette tragédie et qu'elle avait influé jusqu'à ce jour sur l'ensemble de mes actes, de mes pensées, de mes décisions. Savoir cela a levé la chape de plomb qui m'immobilisait. Libéré du fardeau de mes angoisses et de mes appréhensions, je me suis senti léger. J'étais comme neuf. J'avais retrouvé la force et le courage nécessaires pour retourner sur les lieux de la tragédie, réintégrer l'*Anglo-Saxon* et mettre un second et dernier terme au voyage que j'avais entrepris cent vingt années auparavant.

CHAPITRE XIV

En 1983, j'ai reçu un coup de fil de mon ami Raoul Fortin avec qui j'avais plongé dans les eaux de Terre-Neuve au cours de la décennie précédente. Raoul et son frère Rosaire avaient alors travaillé avec moi pendant un mois, après quoi ils avaient fait l'acquisition d'un bateau et étaient partis à l'aventure. Raoul était une sorte d'inventeur. Très adroit de ses mains, il pouvait bricoler presque n'importe quoi. De plus, il avait du talent pour tous les métiers. Raoul avait obtenu mon numéro de téléphone auprès de ma mère ; il proposa de nous revoir afin de bavarder du bon vieux temps.

Nous nous sommes rencontrés dans un café du Vieux-Port de Montréal et vite on a parlé des épaves de Terre-Neuve, notamment celles que je n'avais jamais explorées de fond en comble. Raoul en avait visité plusieurs, non sans avoir d'abord procédé à une sélection méticuleuse. Sa méthode était simple : il s'agissait d'étudier les épaves une à une et de faire porter les recherches sur celle qui semblait la plus prometteuse. Logique. Il fallait d'abord connaître la provenance du bateau échoué et tenter de trouver son registre. À partir de ces informations, on pouvait se former une bonne idée du contenu de l'épave et juger si elle valait les frais et les efforts d'une exploration.

Une épave appartient à l'histoire de son siècle et son contenu peut nous en apprendre beaucoup sur les hommes et les femmes qui vécurent à une époque. Le chercheur de trésors est un archéologue qui fouille également les décombres de l'âme humaine, quitte à ne pas toujours aimer ce qu'il découvre. Chacun des passagers qui se trouvait à bord au moment du naufrage, qu'il ait occupé

*Une illustration de l'*Anglo-Saxon.

une cabine grand luxe de première classe ou travaillé à la cale, avait des possessions personnelles qui racontent une histoire à elles seules. Les vestiges de navires engloutis avant le tournant du XXe siècle recèlent plein d'artefacts dont la richesse peut tenir des souvenirs ou de leur valeur marchande, voire des deux.

Une épave dégage une aura de mystère. À mesure que l'on s'en approche, on se laisse aller aux caprices de son imagination et l'on parvient sans mal à recréer les derniers moments de la vie des passagers avant la tragédie qui les a fait basculer de l'autre côté des choses. Je suis toujours ému à la pensée de la peur qui a saisi ces gens aux entrailles avant de les précipiter dans l'abîme. Je revois l'affolement des gens d'ordinaire prudents, passagers de la vie, qui avaient toujours pris soin de s'abstenir de toute émotion forte ; le flegme du personnel de bord affairé à éviter le pire ; l'héroïsme du capitaine et de son second conscients qu'ils n'en réchapperaient pas cette fois. Je songe également aux familles qui ont appris la nouvelle de la tragédie sans savoir si les leurs avaient survécu ou péri, à l'angoisse qui a dû les dévorer pendant la période d'incertitude. La lenteur des anciens modes de communication ajoutait au supplice de l'attente. Souvent, les rescapés étaient blessés, souffrants et mal en point. Ceux qui avaient la chance de gagner une rive ou une île s'y retrouvaient parfois prisonniers pendant des semaines, voire des mois, en un lieu inconnu ou inhabité. Les navires de passage préféraient souvent les ignorer, de crainte que leurs maladies soient contagieuses ou leurs blessures trop chères à soigner. Sans compter que les rescapés avaient rarement de l'argent pour rentrer chez eux. Plus personne n'entendrait parler d'eux et les familles vivraient dans une horrible ignorance.

Raoul et moi avons bavardé des heures durant autour d'une table à boire de trop nombreux cafés et à raconter nos aventures respectives. Je lui ai confié que mon seul regret était de ne pas avoir vidé l'*Anglo-Saxon* de ses trésors. J'étais convaincu qu'il contenait une grande quantité d'or et je rêvais souvent de ce bateau. À mes yeux, il ne s'agissait pas d'une épave comme les autres. Elle remuait en moi de douloureux souvenirs enfouis sous les brumes de ma mémoire. À sa seule pensée j'éprouvais toute la tristesse du monde. Je revoyais des bribes de mon passé et j'étais tourmenté jusqu'à la fibre de mon être. Je devais en avoir le cœur net une fois pour toutes. Il me fallait y retourner, remuer ces sables vaseux que je craignais et voir la vérité en face.

Ensuite, je racontai à Raoul l'histoire de l'*Anglo-Saxon*. Il avait été construit en 1860 et était la propriété de la société de transport maritime Allan Line. Il s'agissait d'un paquebot en fer de 1 713 tonnes, d'une longueur de deux cent quatre-vingt-trois pieds et d'une largeur de trente-cinq pieds. Il comptait trois mâts et un gréement tout neuf, voiles, cordages et agrès, en plus d'un moteur de deux cent cinquante chevaux-vapeur qui lui permettait une vitesse de dix nœuds et de vastes salles réservées à l'entreposage des marchandises et du courrier. Le paquebot pouvait partir de Liverpool en Angleterre ou du Havre en France, il transitait par Cape Race pour la livraison du courrier et se rendait par la suite à Québec, Montréal ou New York.

L'*Anglo-Saxon* pouvait transporter quatre cent cinquante-cinq passagers. Lors de son dernier voyage, il s'en trouvait trois cent soixante à son bord, en plus des quatre-vingt-six membres de l'équipage. On n'avait prévu des canots de sauvetage qu'à l'intention des passagers de première classe et des membres d'équipage. Le capitaine William Burgess, âgé de seulement trente et un ans au moment du naufrage, jouissait d'une bonne réputation lorsqu'on lui avait confié le commandement de l'*Anglo-Saxon*. Apprenti dès l'âge de quatorze ans, il devint maître neuf années plus tard. L'année du naufrage — en 1863 —, en raison de la guerre de Sécession qui faisait rage aux États-Unis, quantité d'immigrants européens préféraient se rendre au Canada, reconnu comme une terre d'accueil paisible. Lors de sa dernière traversée, l'*Anglo-Saxon* se dirigeait vers Québec pour ensuite accoster à Montréal.

Pour des raisons marchandes, les sociétés de transport maritime subissaient des pressions considérables de leurs clients dans le but d'accélérer la vitesse de croisière de manière à abréger la traversée. Il faut savoir que les paquebots acheminaient le courrier entre les deux continents et qu'il n'existait alors aucun câble transatlantique fonctionnel. L'agence Associated Press versait des primes appréciables aux capitaines qui se distinguaient par une livraison rapide. Pour accélérer la transmission des nouvelles, les boîtes de courrier étaient livrées à Cape Race, l'endroit le plus avancé dans la mer sur la côte est du Canada, où se

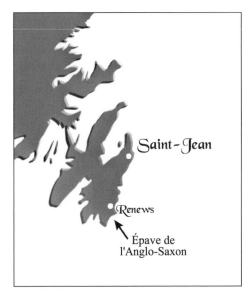

Saint-Jean

Renews

Épave de
l'Anglo-Saxon

trouvait un poste de télégraphie. À partir de là, les nouvelles étaient transmises par télégraphe au reste du Canada et aux États-Unis.

À l'occasion de son dernier voyage, l'*Anglo-Saxon* appareilla de Liverpool le 16 avril 1863, fit escale à Londonberry et poursuivit une traversée sans histoire jusqu'au 25 avril. En soirée, le paquebot rencontra des glaces et du brouillard. Les moteurs furent arrêtés jusqu'au lendemain matin, puis remis en marche graduellement jusqu'à atteindre leur vitesse de croisière. À l'aube du 27, la visibilité était gênée par un épais brouillard. Les voiles furent descendues, mais aucun sondage de profondeur ne fut réalisé alors que le bateau était proche du rivage. Le capitaine Burgess, comme beaucoup d'autres avant lui, voulait atteindre Cape Race au plus vite. Les pressions étaient fortes, bien que la société Allan Line avait déjà perdu cinq paquebots en raison d'un tel empressement. Les témoignages sur la vitesse de navigation au moment de la collision varient selon les témoins. Une chose est sûre : certains parlent de vitesse de croisière alors qu'il aurait fallu progresser très lentement.

L'*Anglo-Saxon* heurta les rochers à fleur d'eau près de Clam Cove. Le brouillard était épais, l'eau glaciale, la température froide et l'océan agité par de fortes vagues. À la vue de lames brisantes à l'avant, l'ordre fut donné de mettre les moteurs en marche arrière. Le paquebot frappa par l'arrière un rocher submergé qui le cloua sur place. La mer agitée emporta le gouvernail et l'hélice. Dans la salle des moteurs, l'eau s'engouffra avec la force d'un torrent et éteignit les feux. L'*Anglo-Saxon* ne pouvait plus se dégager ; les ancres furent jetées pour tenter de stabiliser le bâtiment.

L'équipage procéda alors à l'embarcation à bord des six canots de sauvetage et fixa un câble afin de transporter des passagers sur le rivage au moyen d'un panier, alors que l'eau pénétrait abondamment dans la cale arrière. Le capitaine Burgess accorda la priorité aux femmes et aux enfants sans tenir compte de la préséance prévue par l'administration. Le brouillard et les fortes lames rendaient la navigation et l'approche de la côte dangereuses pour les canots de sauvetage, dont l'un ne fut jamais retrouvé.

Le pont de l'*Anglo-Saxon* se fractura une heure après la collision et peu après le bateau sombra. Le capitaine périt dans le naufrage, ainsi que deux cent trente-six passagers et membres de l'équipage. Pourquoi cette histoire me tourmentait-elle et pourquoi cette épave occupait-elle tant de place dans mon cœur ? À sa seule idée, j'étais envahi par une douleur dont je ne démêlais pas la cause exacte. J'avais l'impression de n'avoir pas terminé ce que j'avais entrepris et le sentiment d'avoir subi une lourde perte. Il me fallait comprendre ce mystère et faire la lumière dans ma tête. Je sais que beaucoup de gens éprouvent des sentiments ou des émotions indésirables dont ils ne connaissent pas l'origine ou alors ils souffrent de la perte d'un être cher ou d'une chose qui leur a longtemps tenu à cœur. Cette tristesse peut les accompagner toute leur vie. Il suffit parfois d'un son, d'une odeur ou d'une image pour raviver un souvenir douloureux et nous faire replonger dans la tristesse. Au contact d'un élément déclencheur, d'autres préfèrent nier leurs sentiments en prétextant une imagination trop fertile.

Pourquoi une simple pensée peut-elle nous faire souffrir? Je n'en savais trop rien mais il me fallait retourner dans le ventre de l'*Anglo-Saxon* pour espérer connaître la cause de mon tourment. «Je crois que l'or se trouve toujours sur ce bateau!» dis-je. J'en étais convaincu. Lorsqu'il a sombré en 1863, il transportait le courrier et une cargaison d'or. En ce temps-là, les lingots d'or étaient acheminés par bateaux de l'Angleterre vers ses colonies, et ils apportaient également de l'argent aux acteurs de la guerre de Sécession aux États-Unis. Plusieurs facteurs faisaient qu'il devait sûrement se trouver encore beaucoup d'or dans les cales de l'*Anglo-Saxon* ou par le fond. À l'époque du naufrage, la plongée sous-marine ne se pratiquait pas comme aujourd'hui. De plus, les conditions de plongée n'étaient pas idéales à Terre-Neuve car l'eau y a toujours été glaciale. Peut-être aurions-nous la chance de trouver de l'or.

Plus je parlais, plus mes paroles semblaient convaincantes. Je pouvais voir le visage de Raoul s'illuminer. Lorsque quelqu'un vient de cerner un nouvel objectif, son enthousiasme et sa gaieté font surface et vous pouvez l'observer sur son visage. Moi, je considère la vie comme un grand jeu, comme une aventure. Enlevons-lui son enjeu et tout s'assombrit et se glace comme la mort. Vivement une nouvelle aventure pour m'éviter de me compliquer la vie avec des problèmes inutiles!

Je pouvais voir que les rêves de Raoul allaient bientôt se concrétiser. Il m'apprit qu'il avait construit son propre bateau d'une longueur de vingt-sept pieds. Il possédait encore tout son matériel de plongée et même un compresseur d'air. Un seul regard a suffi pour sceller l'affaire: nous allions partir à la découverte des vestiges de l'*Anglo-Saxon*!

Je ne portais plus à terre. Je me suis dit que cette fois, j'allais atteindre mon but et que j'allais découvrir pourquoi cette épave me tourmentait autant. Pour Raoul, il ne s'agissait que d'une carcasse de bateau comme les autres, certes plus prometteuse au chapitre de ce que nous risquions d'y trouver, mais pour moi il s'agissait d'une énigme à résoudre. Il fallait que j'éloigne cette épave de mes pensées car son souvenir m'obsédait sans cesse.

Le bateau de Raoul se trouvait à Saint-Ours, à environ soixante milles de Montréal, chez un de ses amis forgeron. Je me suis empressé de le visiter de la cale au poste de pilotage. De dimensions modestes, il semblait résistant puisqu'il était en fer. Toutefois, de nombreux aménagements restaient à effectuer avant qu'il puisse prendre la mer. Mais, à tout le moins, nous disposions d'un bateau pour partir à l'aventure. Il fallait à présent trouver de l'ar-

Le Viking.

gent et des hommes prêts à se lancer avec nous. Ni Raoul ni moi n'avions d'argent pour soutenir matériellement l'expédition mais j'étais confiant que nous allions en trouver. Notre but était si bien identifié que le moyen d'y parvenir nous serait accordé, je n'en doutais pas.

Les jours suivants me donnèrent raison. Nous étions dans un restaurant où je comptais parmi les habitués et nous discutions de notre projet avec un enthousiasme contagieux. « Il nous faut au moins cinq mille dollars pour nous rendre à Terre-Neuve chercher ces trésors. » Or, l'un des clients, installé à une table voisine, avait tout entendu de notre conversation. Il s'est tourné vers moi pour m'offrir cette somme. Je l'ai vite invité à se joindre à nous et, sans plus de préambule, il se présenta : Denis Bergeron, ingénieur originaire de Québec. Il mettait les cinq mille dollars à notre disposition pour peu qu'il puisse participer à l'aventure.

Nous lui avons raconté l'histoire de l'*Anglo-Saxon* mais j'ai pris soin de taire mes propres angoisses relatives à son épave. Ce secret m'appartenait en propre et ne regardait personne. Décidés et volontaires comme nous l'étions, nous avons vite planifié l'expédition dans ses moindres détails et avons mis en œuvre l'organisation. Dans un premier temps, il fallait procéder aux aménagements qui s'imposaient sur le bateau et trouver un camion pour le remorquer jusqu'au bord de la mer. Deux jours plus tard, j'avais trouvé un vieux camion d'une tonne en bon état. Son propriétaire, Richard Bernier, était aventurier et je n'ai pas eu de mal à le convaincre de partir avec nous. L'équipe était alors réunie.

Nous avons acheté du matériel de plongée d'occasion, faute d'argent, mais peu nous importait. Nous avions l'habitude des petits budgets et des grands projets. J'ai

Les cinq en route vers Terre-Neuve.

toujours pensé que la volonté l'emporte sur les considérations matérielles ; une fois l'intention bien arrêtée, le nécessaire à la réalisation d'un projet finit par nous être accordé. Une idée se fait jour en premier lieu et, si l'intention est réelle, la détermination forte, elle finira par se concrétiser. Ce processus qui tient de l'invisible a quelque chose de magique ou de mystérieux et nous en sommes tous capables. Les choses nous adviennent lorsqu'on sait les appeler. Il ne suffit pas d'affirmer j'aimerais ceci ou cela mais de le vouloir vraiment avec toute la force de sa volonté. Il faut aussi être réaliste. Quand même vous voudriez monter sur le trône d'Angleterre vous ne pourriez pas.

Raoul, Denis, Richard et moi nous sommes occupés d'aménager, peindre et équiper le bateau en vue de l'expédition. Il nous a fallu quatre semaines environ pour mener à terme ce chantier dans une atmosphère de bonne

Une épave près de Fermeuse.

humeur à laquelle se mêlait une grande fébrilité. Nous étions visiblement heureux de travailler ensemble à ce projet rassembleur. Nous formions une bonne équipe. Vers la fin du mois de mars, tout était paré et le départ approchait.

Raoul, Denis et moi, nous sommes partis de Montréal, en voiture à destination de Terre-Neuve par un beau matin froid et ensoleillé. Nous devions suivre Richard et sa copine Annie qui conduisaient le camion remorquant le bateau. Comme chaque fois que je retournais vers cette île, j'éprouvais une grande joie, doublée cette fois du plaisir de retrouver ma fille Susan. Elle avait passé les étés précédents à Montréal auprès de moi mais, cette fois, nous serions ensemble pendant une période plus longue que les grandes vacances. Sa présence me manquait rudement et

La même épave qu'à la page précédente, 30 ans plus tard.

je me faisais du souci pour elle. J'aurais aimé être plus souvent à ses côtés mais la vie en a décidé autrement, il faut croire. Mais en ce jour de grand départ, je souriais à l'idée de la retrouver et de revoir mes amis après tant d'années d'éloignement!

La route qui borde le fleuve Saint-Laurent est longue et les paysages sont beaux. Nous nous sommes arrêtés à Rivière-du-Loup pour manger une bouchée dans une cantine fréquentée par des camionneurs. Après le déjeuner, nous avons repris la route sans nous attarder car nous étions loin d'être parvenus à destination. Chemin faisant, Denis se rendit compte qu'il avait laissé à la cantine son sac-ceinture dans lequel se trouvaient trois mille dollars en beaux billets. Imaginez notre angoisse à tous! Le seul argent dont nous disposions se trouvait sur une banquette de restoroute où allaient et venaient des centaines de clients pressés. Nous sommes retournés à toute vitesse à Rivière-du-Loup en priant que d'honnêtes gens aient remis son sac à la patronne du resto. La grosse femme joviale, au tablier maculé de taches de graisse, ignorait tout de notre mésaventure mais, à notre grand soulagement, le sac-ceinture se trouvait encore sur la banquette où Denis l'avait oublié... sauf qu'il n'y avait plus d'argent à l'intérieur. Nous avons paniqué un instant, après quoi la colère a fusé. Je lui avais pourtant dit de prendre des chèques de voyage. Il aurait été mieux avisé et plus prudent. Déjà, nous faisions face à une difficulté de taille et nous venions à peine d'entreprendre le voyage. Reconnaissant sa responsabilité et soucieux de nous sortir de ce mauvais pas, Denis a téléphoné à son père juge pour lui emprunter la somme en question. M. Bergeron père ne se fit pas prier. L'argent nous est vite parvenu et nous avons pu reprendre la route. Le trajet nous sembla mortellement long et ennuyeux, en raison de la limitation de vitesse et du peu d'intérêt qu'il y a à rouler derrière un bateau en remorque. Il fallut une première éternité avant de traverser la frontière entre le Québec et le Nouveau-Brunswick et une seconde avant d'atteindre le port de Sydney en Nouvelle-Écosse où nous devions embarquer sur le traversier qui faisait la navette en direction de Terre-Neuve.

Au bout de neuf heures de traversée, nous sommes enfin descendus à Port aux Basques. J'avais encore une fois le sentiment de rentrer à la maison. Chaque fois, je ne peux m'empêcher de constater qu'une part de moi est terre-neuvienne. C'est auprès des pêcheurs de cette île, à fréquenter leurs tavernes et à pêcher en leur compagnie dans les anses bleues, que j'ai appris l'anglais que je parle avec le même accent qu'eux. C'est également dans cette île que j'ai trouvé l'amour et fondé une famille. Que j'ai connu l'aventure et l'amitié. Que je me sens chez moi.

Nous avons traversé l'île de part en part pour nous rendre à Saint-Jean. J'étais ému aux larmes de revoir la capitale, ma ville préférée entre toutes, avec son port de mer à l'abri des vents grâce aux montagnes qui le ceignent majestueusement. Denis, qui n'était jamais venu à Terre-Neuve, était émerveillé et s'est aussitôt épris de la ville. Nous avons passé deux jours à Saint-Jean à visiter la ville et à nous reposer avant de reprendre la route en direction du South Shore, la zone sud de l'île.

Sur le chemin qui borde la côte, à plusieurs milliers de pieds d'altitude, on voit la mer qui s'étend à perte de vue. Le panorama est aussi brut que magnifique. Les falaises rocheuses fendent la mer et le ciel. Parfois à la fin de l'hiver, à proximité des rivages ourlés d'écume, on peut apercevoir les vestiges de navires qui ont laissé leurs souvenirs. Au printemps, après le passage des glaces en provenance du Labrador, le reflux des eaux laisse sur la grève des tas d'artefacts qui ont été libérés des entrailles des vaisseaux disparus. Il n'est alors pas nécessaire de plonger, il suffit de se pencher pour cueillir ces trésors.

Nous sommes enfin arrivés au village que j'avais tant hâte de revoir. Renews est posé devant une petite baie peu profonde où les grands navires ne peuvent entrer. Par contre, le tonnage modeste de notre bateau nous permit de le mettre à l'eau à cet endroit. À ce moment de l'année, les glaces étaient descendues du Labrador et empêchaient les bateaux de s'aventurer hors de la baie en raison des vents contraires qui faisaient dériver les glaces en direction de la côte. Nous ne pouvions risquer de nous retrouver comme dans un étau entre la rive et les glaces qui auraient vite fait de déchiqueter notre coque comme une vulgaire boîte de sardines.

Le lendemain, Raoul et moi sommes allés à l'hôtel de ville de Saint-Jean pour obtenir le permis nécessaire à toute exploration sous-marine dans les eaux territoriales. Le fonctionnaire de service remplit des tas de formulaires en autant d'exemplaires de couleurs différentes en précisant que le permis nous parviendrait par la poste au cours des jours suivants. Vingt ans plus tard, nous l'attendons encore ce permis! Nous avons fait quelques achats pour nous doter du matériel qui manquait et des provisions qu'il fallait prévoir pour le voyage. J'ai fait un saut cet après-midi-là chez Theresa pour prendre de ses nouvelles. Elle allait bien, elle s'était mise avec un autre type qui semblait faire son bonheur. Elle se doutait bien du projet qui me ramenait dans l'île et elle me souhaita bonne chance de bon cœur. Les glaces qui dérivaient au large de Renews nous immobilisèrent pendant trois autres semaines, au cours desquelles j'eus le temps de réfléchir.

J'ai bientôt cru que l'*Anglo-Saxon* cherchait à nous décourager de nous rendre jusqu'à lui. Encore aujourd'hui, je pense qu'il y avait un peu de ça.

Pour tromper l'ennui, j'allais pêcher la truite dans les étangs des environs de Renews. Les jours où les glaces reculaient le moindrement vers le large, nous sortions le bateau pour nous aventurer quelque peu à l'extérieur de la baie. Nous

Marcel et Richard attendent que les glaces se dispersent.

185

allions pêcher la morue à la turlutte. Une turlutte est une tige de plomb farcie d'hameçons toutes pointes dehors. Nous descendions les tiges au fond de l'eau et les remontions d'environ six pieds pour leur imprimer de brefs mouvements de va-et-vient. Ces gestes saccadés attiraient les morues qui s'accrochaient aux hameçons. Nous n'avions plus qu'à remonter les turluttes, à dépecer les poissons et à préparer la chaudrée pour le souper. Nous avons passé quelques semaines à nous amuser de la sorte, sans pouvoir nous rendre plus loin car les glaces obstruaient toujours le passage.

Enfin, un jour les vents changèrent de direction et le temps était venu de nous rendre à Clam Cove. Ce village massé autour d'une jolie anse était entouré de hautes falaises. Une petite rivière tombait en cascades depuis les montagnes à l'arrière-plan. Le lit de la rivière était peu

Marcel et Richard se préparant pour une plongée.

profond ; aussi nous devions nous montrer prudents avant de nous avancer en ses eaux. Nous nous trouvions à environ un mille de l'*Anglo-Saxon*. J'entendais mon cœur battre à tout rompre dans ma poitrine. Il y avait environ quatre ans que je n'avais pas plongé en mer. J'étais fortement ému en revoyant le paysage et la côte. Je me souvenais de chacune des épaves que j'avais explorées au large de cette côte. J'en comptais une soixantaine avant d'atteindre le lieu du naufrage de l'*Anglo-Saxon*. La taille de notre bateau était suffisamment modeste pour que la coque ne rafle pas le fond. La paroi inférieure était percée d'un hublot doublé d'un grillage métallique destiné à préserver la vitre contre les bris. Nous étions donc en mesure de naviguer en observant bien le relief sous-marin de manière à éviter les

*Le lieu où l'*Anglo-Saxon* s'est échoué.*

écueils. Après quelques expéditions de pêche, les glaces sont revenues et nous nous sommes retrouvés coincés dans l'anse de Clam Cove. Nous ne pouvions pas bouger. Au bout d'une semaine, nous avons pourtant dû nous résoudre à nous rendre à Cape Race pour acheter des provisions. Nous en avions soupé de manger de la truite! Richard et moi sommes partis avec nos sacs sur le dos en empruntant un petit sentier dans la montagne qui conduisait à Cape Race et à Portugal Cove dans l'intention de rapporter des victuailles pour l'équipe. Nous avons marché six milles dans les montagnes en parcourant des sentiers inondés. Nous devions sauter d'une roche à l'autre. Le trajet fut long et pénible en raison de la hauteur des montagnes. De plus, nous avions froid aux pieds et les mouches noires infestaient la forêt.

Nous sommes enfin arrivés à Cape Race mais notre destination était Portugal Cove où nous devions prendre les provisions. Il n'était pas question de nous y rendre à pied mais, étant donné que nous n'avions pas de véhicule, il nous a fallu attendre pendant sept heures avant que le camion de la poste nous prenne à son bord. Nous sommes descendus à Portugal Cove où nous avons fait les achats, après quoi un de mes amis pêcheurs nous raccompagna en voiture à Cape Race où nous avons passé la nuit. Le lendemain matin, nous sommes repartis pour Clam Cove avec nos sacs en empruntant la route des montagnes. Sur le chemin du retour, nous avons aperçu quelques orignaux. On en trouve beaucoup dans ces endroits. Finalement, nous sommes parvenus au bateau. Quelle randonnée pour se rendre à l'épicerie! Quatre jours plus tard, Raoul et Denis durent refaire le même périple sauf que le frère du premier conduisit sa voiture à Cape Race en prévision du retour.

Pour nous désennuyer en attendant la fonte des glaces, nous avons décidé de construire un pont qui enjamberait la rivière. Nous avons taillé des billots que nous avons réunis à l'aide de corde jusqu'à assembler une passerelle qui reliait les deux rives. Nous avons employé le reste de la corde en guide de garde-fou. Je dois dire que nous étions très fiers de notre construction à partir de moyens aussi rudimentaires! Par la suite, pour meubler nos temps libres nous allions creuser le sable de la plage pour y mettre au jour des ossements humains. J'ai trouvé ainsi une bague en or qui appartenait sûrement à un passager de l'*Anglo-Saxon*, de même que des boucles de cuivre et des acces-

Le pont que nous avons construit.

soires de métal qui provenaient de ceintures et de chaussures désormais disparues. Cette plage me faisait l'impression d'un cimetière marin et m'a toujours inspiré un grand respect. Je ne peux en dire autant des villageois de Clam Cove qui, selon la légende, ont violé les sépultures des disparus de l'*Anglo-Saxon* qui reposaient au cimetière local. On raconte que les passagers du bateau avaient de l'argent plein les poches et que les villageois se sont dit qu'il serait plus utile aux vivants.

Les glaces finirent par partir et nous avons appareillé. Ce n'était pas trop tôt. Nous avons finalement atteint l'endroit où j'avais aperçu du fer et trouvé la seconde fourchette. Je me sentais nerveux, très anxieux. Droit devant moi, à cent pieds sous la montagne, les rochers étaient percés d'une crevasse de quinze pieds de haut et de

trente pieds de large. Nous pouvions y entrer à l'aide d'une petite embarcation. Nous étions un peu craintifs parce qu'il y faisait noir. À l'extrémité, le terrain était plat, délimité par une espèce de petite plage où les vagues résonnaient. L'atmosphère y était macabre, comme si les esprits avaient voulu nous engloutir…

*Le trou dans le rocher près de Clam Clove où l'*Anglo-Saxon *s'est échoué.*

Il fallait que la mer soit calme pour que nous puissions nous rendre où nous devions. À notre droite se dressait une falaise d'environ deux cents pieds de haut et un rocher submergé à quinze pieds de la surface. Cent pieds plus loin dans la mer, entre la falaise et le rocher, la profondeur de l'eau atteignait quatre-vingt-dix pieds. De l'autre côté de ce rocher, l'eau atteignait par endroits cent cinquante pieds. L'*Anglo-Saxon* était là. Il avait échoué entre le rocher et la falaise et m'attendait depuis.

CHAPITRE XV

Mon énième rendez-vous avec l'*Anglo-Saxon* ne tarda pas. Mais cette fois, la plongée était annonciatrice d'un aboutissement espéré depuis longtemps. Nous avons ancré le bateau dans les parages de ses vestiges et je suis vite descendu sous l'eau. J'étais ému au plus haut point comme un confirmand devant un archevêque. Mon cœur battait à tout rompre dans ma poitrine. J'avais le sentiment de descendre vers un tombeau, le mien par surcroît. Des frissons me parcouraient tout le corps. Des tas d'images commencèrent à défiler dans ma tête. J'imaginais les âmes des disparus prisonnières des vestiges du bateau. J'entendais les cris désespérés des enfants, les appels de leurs mères et le capitaine ordonnant de mettre les canots de sauvetage à la mer. Et les officiers qui s'acharnaient à faire monter les gens le long des rochers à l'aide de paniers. Et le bruit assourdissant des vagues et la tempête qui faisait rage. Je percevais la brume opaque à cet endroit et je vis le capitaine sombrer avec son bateau. Tout en visualisant ces images, je me disais: «Quelle tristesse que de perdre son bateau et tant de vies humaines pour une erreur de pilotage! Quels remords devaient poursuivre cet homme! Même entre deux existences, il n'a certes pas eu droit au repos! Il avait eu la responsabilité de tous ces gens.» Plus je descendais vers le fond, plus je souffrais intérieurement. Une vieille blessure se ravivait, de façon incompréhensible.

Quelle espèce de folie innommée me ramenait en ces lieux? Étais-je venu là pour faire taire mon chagrin et apaiser mes remords? Est-ce que je voulais revivre le passé et me rappeler mon erreur pour pouvoir ensuite l'effacer de ma mémoire? Était-ce seulement possible? Je ne savais pas exactement à ce moment précis mais un doute se faisait jour. J'étais parvenu à quatre-vingt-dix pieds de profondeur. Parmi les vestiges du bateau, je pouvais discerner les nervures de sa charpente du côté droit. Des fragments de fer tordus jonchaient les environs que je distinguais malgré l'eau brunâtre à cet endroit. Un morceau de métal noirci faisait saillie par rapport à la coque. Je l'ai dégagé. Il avait la forme d'une feuille d'érable décorée de feuilles de vignes et de grappes de raisin. Il s'agissait d'un plateau de service en argent. En fouillant un peu, j'ai vite aperçu une cuillère et une fourchette, également en argent. Une grande quantité de charbon se trouvait sur le fond et, à mesure que je creusais, l'eau devenait de plus en plus noire. Je suis remonté avec quelques trouvailles en argent que j'avais glissées dans une besace de plongeur.

Revenu à bord du bateau, j'étais soulagé d'avoir surmonté ma peur initiale, du moins en partie. Les images qui embourbaient mon esprit commençaient à se liquéfier, à perdre leur ancrage dans la réalité. Mes coéquipiers se penchèrent sur mes découvertes qui leur insufflèrent davantage de ferveur. Nous avions pris un conteneur de quarante-cinq gallons pour y mettre les objets que nous pensions récupérer. Cette épave était tellement prometteuse que nous allions le remplir assurément. J'ai confié à Raoul que, selon mon expérience, ce bateau devait abriter des tas de choses précieuses mais qu'il faudrait beaucoup de travail pour s'en emparer. Plus loin devant cette épave, l'eau était moins profonde et ne devait pas faire plus d'une soixantaine de pieds. Nous espérions que beaucoup d'objets de valeur s'y trouvent. D'énormes roches avaient chuté sur l'épave qu'un modeste bateau comme le nôtre pouvait difficilement dégager. Il ne pouvait déplacer que des charges n'excédant pas six ou sept cents livres.

Le lendemain, nous sommes retournés sur les lieux du naufrage. La mer était belle. Les glaces se trouvaient à environ vingt-cinq milles des côtes, ce qui expliquait pourquoi la surface de l'eau était si calme. Après avoir ancré, je suis descendu de nouveau. Je déplaçais de vieux morceaux de fer ou d'acier lorsque soudain j'ai senti bouger quelque chose. J'apercevais des ombres danser autour de moi. Est-ce que je rêvais ? Étaient-ce les fantômes de l'*Anglo-Saxon* qui venaient me hanter ? Cette pensée me fit frissonner. Je ne pouvais voir qu'à une dizaine de pieds devant moi car l'eau était très brouillée en raison du déplacement des glaces au printemps. Et cette population de joncs géants qui s'agitaient sur les parois de la falaise comme s'ils m'avaient fait signe. Je me suis soudain senti très seul, très loin de la surface, loin de mes compagnons d'aventure, loin de tout. Je fus pris d'une angoisse qui me brûlait le ventre. J'ai eu l'impression d'avoir déjà péri dans ce lieu. La culpabilité et le remords me pesaient comme si j'avais été responsable du naufrage de ce bateau. Tout à coup, la noirceur se fit et j'en fus vivement effrayé. Le tuyau d'alimentation en air glissait dans mon dos. Je me suis vite retourné pour me rendre compte avec soulagement que les ombres qui me recouvraient étaient celles de phoques qui nageaient près de moi. Ils se déplaçaient tellement vite que j'ai eu peine à les voir. Je me suis un instant convaincu que mes fantômes étaient ces sympathiques mammifères, sans trop y croire.

J'ai continué à creuser dans le tas de charbon pour y trouver davantage de cuillères en argent, des vases, des artefacts en métal et des pièces qui avaient appartenu aux passagers. Je fourguai le tout dans le conteneur et quarante-cinq minutes plus tard je suis remonté. Je me suis astreint à vingt minutes de décompression pour m'assurer de n'éprouver aucun malaise. Les hommes ont sorti le conteneur de l'eau et ont répandu son contenu sur le pont. Ils ont trié la ferraille des fragments et objets qui avaient de la valeur à nos yeux. Je me suis assis et j'ai avalé une tasse de café bien chaud pour me réchauffer. Nous étions au printemps mais le temps était encore froid à cause du noroît et des glaciers qui flottaient dans nos parages.

Après le déjeuner, ce fut au tour de Raoul de plonger. Moi, j'agissais comme assistant. Je l'ai aidé à passer sa combinaison, à prendre son matériel, les pesées et le harnais qui maintenaient le régulateur. Nous utilisions un tuyau d'alimentation en air qui demandait davantage de vigilance qu'à l'habitude. Raoul et moi avions l'habitude de plonger avec ce type d'équipement mais pas nos coéquipiers. Il fallait s'assurer que l'assistant de plongée saisisse bien les signaux que le plongeur lui envoyait depuis le fond. Raoul a plongé pendant quarante-cinq minutes sous une profondeur de quatre-vingt-dix pieds, après quoi il a décompressé pendant vingt minutes avant de revenir à bord du bateau. Je l'ai aidé à se débarrasser de son équipement et j'ai enroulé le tuyau d'alimentation pour que personne ne trébuche. Les gars ont remonté le conteneur de quarante-cinq gallons dans lequel se trouvaient davantage de pièces et d'artefacts en argent. Selon le constat de Raoul, la dureté du sol nous obligeait à faire appel à la dynamite afin de dégager les rochers qui avaient croulé sur l'épave. Les moteurs de l'*Anglo-Saxon* étaient alimentés au charbon; c'est pour cette raison qu'il s'en trouvait tant au fond. J'étais d'accord pour employer la dynamite. C'était la solution indiquée. Mais nous allions en employer peu à la fois, juste assez pour dégager les objets très lourds sans briser trop de choses. Pour l'instant, la journée avait été profitable et nous sommes rentrés à Clam Cove nous reposer en attendant le lendemain.

Nous n'avions pas le téléphone à bord du bateau et cette absence de lien avec le monde extérieur nous apportait la tranquillité d'esprit. Souvent, de bon matin, les orignaux venaient boire dans le petit ruisseau qui se déversait dans l'anse où mouillait notre bateau. Un jour, nous en avons aperçu trois qui s'y abreuvaient malgré notre présence. J'avais l'habitude de saisir ma canne à pêche et de sortir de belles grosses truites de l'eau. Voilà ce que j'appelle la belle vie ! Et puis mon rêve était en train de se concrétiser. Après tant d'années, dix-sept puisque je les comptais, je fouillais enfin l'épave de l'*Anglo-Saxon* et je ne m'en portais pas plus mal. La chose me paraissait incroyable, pourtant j'y étais bel et bien. Je pouvais imaginer les habitants de Clam Cove avant que l'*Anglo-Saxon* ne coule. La vie était heureuse dans ce village paisible. Une existence un peu monotone parfois mais les gens prenaient le temps de vivre, de se connaître, de se lier d'amitié. Ils ne subissaient pas les pressions de la vie et les ennuis qu'apporte l'argent. Souvent, dans les grandes villes, les gens n'ont

*Un plateau en argent trouvé à bord de l'*Anglo-Saxon.

pas le temps de vivre. Ils ne font que travailler pour s'acquitter de leurs obligations. Ils finissent leur vie en se rendant compte qu'ils n'ont rien fait de ce qu'ils avaient espéré.

Le lendemain, nous sommes repartis vers l'épave par temps froid. À Terre-Neuve, la température change très vite ; le temps était brumeux mais la mer n'était pas agitée. Nous avons jeté l'ancre en prenant soin cette fois d'y attacher une corde à laquelle était fixée une bouée ; ainsi, nous pourrions repérer plus vite l'endroit où gisait le grand naufragé. Raoul m'a aidé à revêtir ma combinaison et je suis descendu. Arrivé au fond, j'ai posé quelques bâtons de dynamite à deux endroits. Tout d'un coup, l'air s'est raréfié et j'ai vite manqué d'air. J'étouffais ! Il me fallait réagir rapidement. J'essayai de voir si le tuyau d'ali-

*Un plateau en argent trouvé à bord de l'*Anglo-Saxon.

mentation était coincé quelque part ou fendu. Mais ce n'é-
tait pas le cas. Le compresseur avait-il explosé? Ça me
semblait pratiquement impossible. Je ne disposais que de
trente secondes pour réagir. J'ai imprimé quelques
brusques secousses au tuyau et Raoul, qui connaissait très
bien ce signal, est venu à ma rescousse en agitant le tuyau.
J'ai vite vérifié que mon tuyau n'était pas brisé ou coincé
au fond et je suis remonté sans une bouffée d'air. J'étais
blanc comme un linge. À vingt pieds sous la surface, j'ai bu
deux gorgées d'eau. J'étais à bout de souffle. Je me suis dit:
« L'*Anglo-Saxon* ne m'aura pas. Mon heure n'est pas
arrivée!» Je suis parvenu à la surface à moitié étouffé. Il
m'a fallu trois ou quatre minutes afin de reprendre mon
souffle. Tout s'était passé si vite. «Cette fois, il ne m'aura
pas!» C'était comme si je m'étais ordonné de ne pas
mourir. Je me suis aperçu que la glace avait obstrué mon
régulateur. Le diaphragme était complètement bouché.
C'était la première fois qu'une telle chose se produisait de
cette façon. Les régulateurs à double tuyau d'air n'étaient
pas semblables à ceux d'aujourd'hui, qui sont plus fiables.
J'avais encouru des risques. J'avais remporté la partie!
Cette fois, l'*Anglo-Saxon* n'avait pas gagné contre moi.

Au cours de l'après-midi, Raoul a plongé afin de placer
les charges de dynamite. Nous avons éloigné le bateau à
une distance prudente avant de procéder à la détonation.
L'explosion fut décevante; un piètre paf! de pétard mouillé.
Nous avons repris la direction de Clam Cove, la mine
déconfite. Je suis allé à la pêche pour oublier cette
mésaventure. Le lendemain, nous sommes retournés en

mer et j'ai changé de régulateur. Je suis redescendu au fond pour constater que l'explosion de la veille avait dégagé des morceaux de fer. Je pouvais voir des ustensiles de cuisine un peu partout, dont certains semblaient soudés

—— **Des objets trouvés dans l'*Anglo-Saxon*** ——

Le manche d'une cuillère en argent avec l'inscription Anglo-Saxon

Une cuillère.

Un crochet.

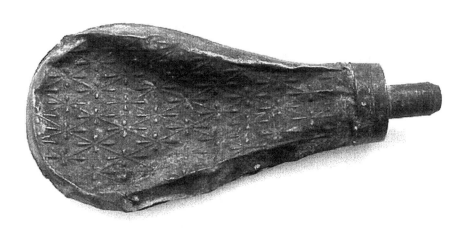

Une poudrière à fusil.

Un rasoir datant de 1862.

Un porte-miroir en argent.

Un écusson.

Des rasoirs et un blaireau.

Une pièce d'argent.

Des chandeliers.

à des morceaux de charbon et autres débris. J'ai empli le baril avec tout ce sur quoi ma main se posait en me disant qu'il était sans doute préférable de tout prendre et de trier une fois là-haut. Des pierres précieuses ou des fragments d'argent pouvaient fort bien se trouver parmi les débris. Lorsque j'en ai eu terminé, je suis remonté et, aussitôt la tête hors de l'eau, j'ai aperçu les gars qui désignaient la mer du doigt. «Regarde! Il y a des fragments d'ossements humains, des éclats de tibias, des côtes brisées...» me lança Raoul.

Je répliquai en détournant les yeux: «Jetez tout cela à l'eau! Ce sont les restes de mon ancien corps.» J'avais lancé cette fanfaronnade en grimaçant pour amuser mes compagnons. Il valait mieux en rire. Je concentrai mon attention sur la cargaison qui débordait du conteneur. J'y

Marcel et Richard à bord du Viking.

ai trouvé des ustensiles de cuisine gravés aux initiales du capitaine. Il les avait mérités pour avoir dirigé le bateau le plus rapide de son temps. Il s'agissait de très belles pièces. J'espère seulement qu'elles se trouvent encore au musée de Saint-Jean. Ce jour-là, nous avons récupéré un grand nombre de couverts en argent. Au cours de l'après-midi, Raoul a trouvé des plateaux de service, de la vaisselle de porcelaine, de l'argenterie, des cafetières en argent, des soupières en argent, des chandeliers et différents objets personnels, tels que des rasoirs ayant appartenu aux messieurs, gravés en 1862. À la fin de la journée, nous avions repêché quantité d'objets en argent mais aucun en or, ni diamant, ni pierre précieuse. Avec le jour qui déclinait, nous avons mis fin à nos recherches et sommes rentrés.

Le lendemain, la mer était houleuse. Les glaces avaient assurément recommencé à dériver vers le sud. Raoul et moi ne pouvions plonger car cela aurait été dangereux; nous avons décidé de nous rendre à pied à Cape Race pour y prendre une voiture. Il s'est agi d'une randonnée de deux jours à travers les montagnes dont j'avais l'habitude à présent. Nous sommes revenus à Saint-Jean avec la bagnole et je me suis arrêté chez ma fille Susan. Deux jours plus tard, nous étions revenus à Clam Cove. Le vent s'était un peu calmé, quoique pas tout à fait, mais il était possible de plonger sans risque. J'ai continué à vider l'épave de son argenterie, de ses ustensiles et de ses services, tous en argent.

Le vent s'était levé lorsque nous sommes revenus à Clam Cove. Les vagues agitaient notre bateau. Étant donné que nous naviguions en eau peu profonde, nous avons heurté une roche exactement là où se trouvait le hublot au fond de la cale. Quelqu'un avait oublié de remettre la plaque de fer qui protégeait d'ordinaire ce hublot, si bien que l'eau jaillit dans le ventre du bateau comme si nous étions entrés en collision avec une borne-fontaine. Toujours alerte, Raoul s'est précipité pour poser un seau de cinq gallons à l'endroit de la fissure. Je suis monté dessus pour faire contrepoids afin que le seau ne bouge pas. Raoul a enfin pu poser la plaque de fer et l'assujettir à l'aide de trois boulons. Nous aurions pu couler. Il y avait deux pieds d'eau dans la cale. Nous avions frôlé la catastrophe et une autre mésaventure nous attendait.

Alors que nous nous dirigions vers Renews, le moteur arrêta net de fonctionner et le vent nous poussa très vite vers le large. En raison de l'énervement général, l'ancre s'était accrochée à la vitre devant le bateau lorsque nous l'avions descendue. La vitre a éclaté en mille morceaux. Décidément, ce n'était pas notre jour de chance. J'ai pensé que l'*Anglo-Saxon* ne voulait pas nous voir nous éloigner. Après quatre heures d'efforts, nous avons fini par joindre le frère de Raoul sur son poste de bande publique. Il est venu de Renews à bord d'un petit bateau afin de nous remorquer jusqu'au quai. Cet incident marqua la fin de notre exploration à bord de l'*Anglo-Saxon*. Nous revenions avec un conteneur de quarante-cinq gallons rempli d'argent à ras bord. Ma mission en ces eaux était terminée et je n'étais pas mécontent de m'offrir un peu de repos.

J'ignorais alors qu'à l'été de 1863 des plongeurs étaient venus d'Angleterre et avaient mis à l'eau la première cloche de plongée sous-marine en Amérique du Nord. Ils avaient ainsi pu récupérer le coffre-fort de l'*Anglo-Saxon* et une bonne partie de sa cargaison. Si de l'or se trouvait à son bord, ils l'avaient trouvé ou il était tombé dans un abysse insondable. Je suis persuadé que ce bateau recèle encore des tas d'objets qui feraient la joie des collectionneurs et des antiquaires. Richard, Denis et moi sommes partis avec des couverts en argent que nous avons montrés au conservateur du musée de Halifax pour connaître son appréciation, après quoi nous sommes retournés à Montréal.

Le lendemain de notre arrivée dans la métropole, deux agents de la Gendarmerie royale nous ont rendu visite pour nous signifier que nous devions rendre les artefacts aux autorités provinciales de Terre-Neuve. Une loi venait d'être adoptée dans le but de protéger les navires historiques et les anciennes épaves. J'ai alors compris pourquoi je n'avais jamais reçu le permis d'exploration que j'avais demandé deux mois auparavant. Selon moi, l'*Anglo-Saxon* ne pouvait être considéré comme un navire historique parce qu'il fonctionnait à la fois à voile et à vapeur. On nous a collé une amende de cinquante dollars. J'ignore toujours pourquoi. La loi stipule que, si après un délai d'un an, la compagnie d'assurance n'a reçu aucune demande d'indemnisation, les objets récupérés reviennent de facto à qui les a trouvés. Où se trouve ce trésor aujourd'hui?

CONCLUSION

Sans que je n'en sache trop rien, mon existence entière était axée sur deux pôles : mes retrouvailles avec l'*Anglo-Saxon* et la recherche d'un être aimé depuis longtemps disparu. Ma naissance à Montréal, qui était la destination finale de l'*Anglo-Saxon*, mon intérêt pour la plongée sous-marine, les hasards qui m'ont conduit à Terre-Neuve dans le village de Renews, où se trouvait le port le plus près de l'épave de l'*Anglo-Saxon*, chacun de ces éléments sans lien apparent formait une même toile de fond sur laquelle je verrais apparaître par petites touches le tableau dans son ensemble.

Je devais explorer des centaines d'épaves, revenir à Montréal pour y découvrir enfin la raison réelle de mon parcours et retourner en mer terminer ce que j'avais entrepris plus d'un siècle auparavant. Si je n'avais pas lu et consulté tous ces ouvrages sur les vies antérieures et compris les mécanismes de l'âme, je serais encore en train de chercher ma raison d'être à l'heure actuelle. Le cycle se serait reproduit sans discontinuer et j'aurais été obligé de revenir encore et encore pour mener à terme ma mission. Par chance, j'ai pu mettre un point final à cette quête de la vérité et j'en suis sorti vainqueur et beaucoup plus heureux.

Au cours de ma vie actuelle, je suis un aventurier des temps modernes, un pirate de l'ère informatique. Dès l'âge de sept ans, j'étais conscient d'avoir vécu d'autres vies. J'en avais la certitude mais il me fut interdit d'en parler car l'institutrice avait écarté d'emblée cette idée qui ne cadrait pas avec la norme qu'elle avait pour tâche d'imposer aux jeunes esprits. J'avais écarté cette idée à cause de ses convictions à elle qui s'y opposaient. L'emprise que le clergé catholique avait sur les consciences à l'époque n'était pas étrangère à cela. Mais la mémoire m'est revenue en 1980 après qu'un jeune mécanicien, que je n'ai d'ailleurs pas revu, m'eut adressé ses propres interrogations. Le bain de lectures dans lequel je me suis alors trempé a ravivé ma mémoire pour toujours.

Pour ma part, je considère nos nombreuses existences comme autant de rôles que nous tenons dans différentes pièces de théâtre. Parfois nous jouons les soubrettes, parfois nous jouons Hamlet. Parfois nous jouons la comédie, parfois la tragédie. D'autres fois encore, nous tenons un rôle de faire-valoir dans un feuilleton télévisé débile. Mais il y a toujours une raison à cela et tenter de la découvrir fait un puissant moteur dramatique. La représentation peut se dérouler en français, en italien, en swahili, peu importe. Nous appartenons au répertoire universel quels que soient nos origines terrestres, nos antécédents familiaux ou religieux. Voilà pourquoi j'estime qu'il faut respecter les idées et les croyances d'autrui car le directeur du casting pourrait très bien nous donner le rôle du paria lors d'une prochaine production. Nul ne peut savoir d'avance dans quel lieu la tournée l'emmènera ni les gestes qu'il fera. Ainsi, on peut faire du tort à quelqu'un que l'on a beaucoup aimé dans une vie précédente, de même que l'on peut réparer ses torts.

Je crois que, lors de mes existences antérieures, je suis souvent revenu sur les côtes de Terre-Neuve. Et j'ai fini par accomplir la mission que je m'étais fixée : triompher de la peur que m'inspirait l'*Anglo-Saxon*. J'avais été capitaine de ce bateau. J'avais été William Burgess qui s'était engagé comme apprenti sur un bateau à l'âge de quatorze ans. Au cours de cette existence en Angleterre, ma vie d'homme avait débuté à cet âge, de même qu'au cours de ma vie actuelle j'ai quitté l'école à quatorze ans pour apprendre un métier qui allait me conduire sur la mer. Burgess fut promu maître d'équipage adjoint à vingt-trois ans pour ensuite rejoindre le *Canadian 1* de la société Allan Line. Il devint second maître à bord du *North American*, un bateau semblable à l'*Anglo-Saxon*, et passa maître à vingt-six ans. Par la suite, il servit sur différents bateaux de la Allan Liners, notamment le *North Briton* et le *Bohemian* lesquels ont tous deux péri en mer. Il obtint son titre de capitaine à trente ans alors qu'il naviguait sur le *North American*.

Sa première traversée à bord de l'*Anglo-Saxon*, en février 1863, l'emmena de Liverpool en Angleterre à Portland dans le Maine. C'est alors qu'il remporta des couverts en argent pour avoir effectué la traversée la plus rapide à l'époque. Il s'agissait des ustensiles gravés à ses initiales que j'ai repêchés sur les fonds marins en explorant l'épave cent vingt années plus tard. J'ai ainsi récupéré ce que j'avais mérité, qui avait sombré avec moi dans les profondeurs de l'oubli. Il s'agit du plus important trésor que j'aie mis au jour, qu'aucun musée ne peut abriter, sinon les replis de ma mémoire.

Lors de la dernière traversée de l'*Anglo-Saxon*, en avril 1863, le capitaine Burgess en était à son deuxième voyage à titre de commandant. Cela explique peut-être la grave erreur de navigation que j'ai commise. En raison des pressions exercées sur moi par les patrons de l'entreprise que je servais, j'étais désireux d'arriver le premier à Cape Race. Dans ma hâte, je n'ai pas pris le temps de sonder la profondeur de l'eau pour bien connaître la position du bateau. Je craignais de perdre un temps précieux et de me faire dépasser par un plus rapide. En raison de l'épaisseur du brouillard où nous nous trouvions, il m'aurait fallu ralentir la vitesse de croisière et avancer plus prudemment. Étant donné l'entêtement qui m'a toujours caractérisé, je n'en ai fait qu'à ma tête et j'ai foncé droit devant pour atteindre le quai avant mes concurrents. Après la catastrophe qui a suivi, je me suis senti responsable de la perte de toutes ces vies et j'étais rongé de remords. On le serait à moins !

Je fus pourchassé par les remords pendant cent vingt années. Pour mettre fin à ce sentiment douloureux qui m'oppressait, je devais retourner au point de départ sur les lieux de ma faute. Je devais revoir les vestiges de mon ancienne vie dans une ultime tentative de lever la charge émotionnelle qui pesait sur moi. J'ai compris pourquoi je ne craignais rien, sinon la navigation. Il était nécessaire que j'apprenne la plongée sous-marine et que je retourne à

Renews, dans ce village perdu au bout du monde. J'ai habité une maison à proximité de l'*Anglo-Saxon* mais il m'a fallu dix-sept années avant de pouvoir lui faire face. À la même époque, j'ai pourtant exploré des dizaines d'épaves qui se trouvaient beaucoup plus loin alors que celle qui importait vraiment était pratiquement devant ma porte. Ma conscience n'était pas suffisamment éveillée à ce moment-là. Je devais boucler mon parcours pour que l'éclair jaillisse.

Ma bien-aimée est morte auprès de moi en 1863, écrasée par la chute du grand mât qui lui a cassé les reins. Comme si le sort n'avait pas été suffisamment cruel, les vagues précipitèrent son corps contre les escarpements rocheux où ses os se fracassèrent au gré des marées. Je revoyais ces images insupportables et je réalisai l'ampleur du drame. Tous ces gens morts devant mes yeux et ma bien-aimée emportée par le courant comme une poupée désarticulée. C'en était trop! Refusant d'en voir davantage, je me suis laissé engouffrer au fond de la mer avec mon navire. Ma douleur était trop vive et le sentiment de culpabilité trop lourd pour continuer de vivre.

Le remords m'a poursuivi d'une existence à l'autre jusqu'au jour de 1982 où le déclic est survenu et que j'ai pu revoir un pan de mon passé et revivre l'expérience en éprouvant les sensations que j'avais connues alors. J'ai ainsi levé la charge émotive liée à cette triste histoire, après quoi j'ai trouvé le courage de retourner sur les lieux de la tragédie. Du coup, j'ai ressuscité l'*Anglo-Saxon* dans la mémoire des gens, à tout jamais. Jusqu'où peut-on aller lorsqu'on souhaite réparer ses erreurs passées ?

Le capitaine est toujours le dernier à quitter le bateau. C'est ce que j'ai fait. Je suis revenu dans mon bateau et j'en suis de nouveau reparti le dernier. Je me suis acquitté de ma mission. Aujourd'hui, je suis heureux. Le trésor que je cherchais en maints endroits se trouvait près de mon point de départ. J'ai alors compris que je devais désormais aider les autres à cerner leurs peurs, à s'en défaire et à découvrir le trésor qui se cache en eux.

Loi canadienne sur les épaves

500. (1) Quiconque prend possession d'une épave dans les limites du Canada, y compris les eaux canadiennes, doit la remettre au receveur le plus tôt possible, mais le ministre peut, relativement à toute épave, dispenser de cette remise aux conditions qu'il juge convenables.

(3) Quiconque, ayant ainsi pris possession d'une épave, omet, sans motifs raisonnables, de se conformer au présent article, est passible d'une amende de quatre cents dollars au maximum et, en sus, d'une amende représentant le double de la valeur de l'épave, et est déchu, relativement à cette épave, de tout droit à l'indemnité de sauvetage ou de tout droit à réclamer une telle indemnité, S.R., c. 29, art. 510; 1964-65, c. 22, art. 8.

Le fort Signalhill à Saint-Jean, Terre-Neuve.

Le quai à Bay Bulls

Vue de l'intérieur du phare de Cape Race.

Renews, Terre-Neuve.

Une hélice d'épave.

Le Viking *amarré dans une baie près de Clam Cove.*

Annie et Richard à Renews.

Un canon à Renews.

John Stephens et son fils.

Un canon extrait d'une épave.

Les débris dispersés d'une épave.

Un paysage terre-neuvien.

Quatre Québécois découvrent un butin près de Terre-Neuve

Qui n'a pas rêvé un jour de participer à une chasse au trésor et de découvrir un butin composé de pièces d'or et de pierres précieuses?

Quatre Québécois ont vécu cette expérience au cours des derniers mois. Toutefois, ils n'ont pas ramené de coffre au trésor, mais plusieurs pièces d'argenterie datant du 19e siècle.

Michel Rousseau

Le butin provient de l'épave du *Anglo-Saxon*, un voilier à moteur de près de 300 pieds de long, qui a coulé à la fin de l'hiver 1863 près de Cape Race à Terre-Neuve.

Marcel Robillard est un des quatre membres de l'équipe, qui a passé trois mois à fouiller l'épave. Plongeur professionnel, il a fouillé plus de 200 épaves depuis 1966.

«J'ai découvert l'épave du *Anglo-Saxon* en 1968. Je me suis promis que j'y retournerais un jour, dit-il. Beaucoup de gens rêvent de chasse au trésor. Nous, on a décidé d'y aller».

L'équipe, composée de Marcel Robillard, Denis Bergeron, Richard Bernier et Raoul Fortin, espérait trouver de l'or dans l'épave.

«On avait entendu dire que ce bateau, qui venait d'Angleterre, transportait de l'or à destination des États-Unis, affirme Marcel Robillard. Le butin rapporté, qui sera remis au Musée de St. John à Terre-Neuve, comprend des centaines de pièces d'argenterie portant le sceau du bateau coulé.»

Toute une aventure

Les quatre hommes ont affronté vents et marées pour fouiller les débris de l'épave.

«C'était très difficile, raconte Denis Bergeron. Il y avait beaucoup de glace, les courants étaient très forts et beaucoup de roches sont tombées sur l'épave depuis son naufrage.»

En effet, le bateau, qui avait environ 450 personnes à bord, avait heurté la falaise pour ensuite revenir se briser dans les récifs.

À l'époque, cette tragédie avait fait couler beaucoup d'encre. On estime que 200 personnes y avaient trouvé la mort, les autres réussissant à se sauver en canot de sauvetage.

Depuis, la falaise a laissé tomber de nombreuses pierres sur l'épave, qui a aussi été recouverte de vase.

«L'épave est complètement disloquée, dit Marcel Robillard. Quand on arrivait au fond de l'eau, il n'y avait que des débris éparpillés, ce qui a rendu les recherches difficiles. On a aussi retrouvé des os humains parmi les restes du bateau.»

Photo Le Journal - PABLO

Denis Bergeron, Marcel Robillard et Richard Bernier, trois des quatre membres de l'équipe, qui a découvert ces vieilles pièces d'argenterie à 75 pieds sous l'eau au large de Terre-Neuve.

La tragédie du *Anglo-Saxon* refait surface après 120 ans

Les quatre hommes ne prévoient pas retourner chercher d'autres trésors dans l'épave du *Anglo-Saxon*.

«Pour moi, c'est fini la plongée, dit Marcel Robillard. On a maintenant d'autres projets en tête, mais on préfère ne pas en parler tout de suite.»

Marcel Robillard n'en était pas à sa première découverte d'importance. En 1972, il découvrait un coffre rempli de pièces de

mortuaire ancienne dans l'épave du *SS Falcon*, qui avait coulé au large de Ferry Land, à Terre-Neuve en 1851.

Robillard et ses compagnons comptent remettre leur butin au Musée de St. John d'ici à quelques jours.

Même s'ils n'ont pas fait fortune avec ces découvertes, ils auront quand même vécu une aventure exaltante au cours des trois mois passés à Cape Race à la recherche du trésor de l'*Anglo-Saxon*.

Photo Le Journal - PABLO

Une théière et une soupière en argent, qui ont passé plus d'un siècle sous l'eau, dans l'épave du *Anglo-Saxon*.

Photo prise il y a quelques semaines au large de Cape Race à Terre-Neuve alors que Marcel Robillard s'apprêtait à plonger dans les eaux glacées de l'Atlantique à la recherche du trésor.

· journal · montréal

GROUPE QUÉBECOR INC

Pierre Péladeau, Président
Conseil d'administration

Maurice T Custeau
Président-directeur général

Jacques Beauchamp
Vice-président

Claude Gagnon, c. a
Vice-président

J-Claude Rannaud, m b à
Vice-président aux ventes
marketing promotion

Gérard Collier
Directeur de la rédaction

André Beauvais
Directeur des nouvelles

Bertrand Raymond
Directeur du sport

Gilles Terroux
Directeur adjoint du sport

Charles Petit-Martinon
Secrétaire de la rédaction

Paul Gagnon
Directeur général

Bertrand Garceau
Directeur du tirage et distribution

Bernard Paradis
Promotion et service à la clientèle

Me André Gourd
Secrétaire administratif

UNE FILIALE DE Québecor INC

Liste d'épaves que j'ai explorées

Falcon : naufragé sur la côte de L'Île aux Bois, à Ferryland.

Torhanvan : naufragé à Ferryland, sous le phare.

Quatre bateaux dans la baie d'Aquafort.

Un vaisseau pirate, naufragé à Aquafort, à bord duquel se trouve une vingtaine de canons.

Amazon 1866 : naufragé à Cape Freels. Quatre enfants noyés.

Amberton 1946-47 : naufragé à St. Shotts. Au même endroit, les Amberton, Irving Oil, Harcourt Kent, Bonne Bay.

Askill : naufragé à Chance Cove.

Assyrian : naufragé à Cape Race en juin 1901. En plusieurs saisons, la société Larder Brothers de Halifax a récupéré sa cargaison de champagne, de vaisselle et de fils de cuivre. J'y ai plongé et ai récupéré de nombreuses bouteilles de champagne encore pleines. Je crois qu'il en reste encore aujourd'hui.

Atalaya : naufragé non loin de Renews en mars 1889. Une brigantine. Tous ont péri, à l'exception du capitaine.

Bay State : naufragé à Cappahayden vers 1900. Au même endroit et à la même période que le Scottish King. Avec à son bord une très importante cargaison. J'en ai récupéré l'hélice et le condenseur.

Belgian Relief Ship : naufragé à Portugal Cove South.

City of Philadelphia : naufragé en septembre 1854 à Chance Cove. Il reste beaucoup de bronze et de cuivre à l'intérieur.

Crewe : naufragé à Cape Ballard lors de la Première Guerre mondiale.

Delia : naufragé en 1937 à Cape Race.

Drake : naufragé à St. Shott.

Florence : naufragé vers 1850 à Money Gulch, Cape Race. Il est supposé contenir un important trésor mais je ne peux le confirmer.

Florizel : naufragé le 26 février 1918 à Cappahayden, entraînant la mort de 94 personnes. Quantité de pièces d'argenterie s'y trouvent encore, par seulement trente pieds de profondeur.

Le Germania : naufragé le 7 août 1869 à Cape Race avec quantité de pièces d'argent.

George Washington : naufragé le 18 janvier 1877 à Mistaken Point. Le George Cromwell s'est abîmé en même temps à Cape Pine.

Hammer Sealer : naufragé en 1852 à Cape Broyle entraînant la mort de 37 personnes.

Hanoverian : naufragé le 20 septembre 1885 à Portugal Cove South.

Herder : naufragé le 8 octobre 1882, à Long Beach, Cape Race. Il contient encore beaucoup de cuivre et de bronze.

Hibernia : naufragé en novembre 1845 à proximité de Cape Race.

Indian : bateau identique à l'*Anglo-Saxon* naufragé le 21 novembre 1859 à Cape Race, entraînant dans la mort 55 personnes.

Kristianafjord : naufragé à Bob's Cove, Cape Race, en 1913. Des tonnes de plomb et de métaux s'y trouvent encore.

Laurentian : naufragé le 6 septembre 1909 à Cape Race.

Leopard : naufragé près de l'île de Renews.

Magnhild : naufragé en 1936 à Renews.

Martin Carroll : naufragé à Long Beach, Cape Race, vers 1940. J'en ai récupéré l'hélice et beaucoup de fragments de bronze.

Marvale-Corsican : naufragé le 21 mai 1923 à Cape Freels Rock. C'est là que j'ai vu des baleines et des requins. Très bel endroit où plonger et prendre des photos.

Odenholm : naufragé en 1932 à Renews.

Prudence : naufragé le 12 janvier 1892 à Renews.

Texas : naufragé le 4 juin 1894 à Murr Rock, St. Shott. Plus de mille deux cents moutons sont débarqués à terre après son naufrage. Voilà pourquoi les moutons sont si nombreux à St. Shott !

Anglo-Saxon : naufragé en 1863 à proximité de Clam Cove. Deux cent cinquante-sept des quatre cent cinquante-six passagers ont péri.

Cluthia : naufragé à l'île d'Anticosti dans le fleuve Saint-Laurent, au Québec, le 28 septembre 1971.

Susquehannah : naufragé à Sainte-Anne-des-Monts, au Québec, le 7 novembre 1971.

Cimla : naufragé le 26 septembre 1915 à la Pointe-des-Monts, au Québec.

Emperor of Montreal : naufragé à Ellis Bay de l'île d'Anticosti le 24 novembre 1926.

Coneco II : naufragé à Pointe aux Jambons dans le fleuve Saint-Laurent.

Charlton : naufragé le 31 août 1934 à Charlemagne au Québec.

North Shore : naufragé le 12 août 1933 à Caribou Island au Québec.

Fred Jackson : naufragé à Pointe-Neuve au Québec.

Edward Seymour : naufragé sur la côte de l'île d'Anticosti au Québec.

Romsdalsfjord : naufragé le 12 novembre 1920 à Sisters Ledge, près de Sambro en Nouvelle-Écosse.

Charles A. Ritcey: naufragé le 15 septembre 1920 à Rose Head, Lunenburg, en Nouvelle-Écosse.

Silver Wings: naufragé le 17 août 1915 à Sable Island, Atlantis, Nouvelle-Écosse.

Mona: naufragé le 12 novembre 1926 à Strait of Canso en Nouvelle-Écosse.

Western: naufragé à Budget Rock, Cape Negro, en Nouvelle-Écosse.

Southhead: naufragé le 6 décembre 1926 à Herring Cove, Halifax Harbour, en Nouvelle-Écosse.

Doumalis: naufragé le 10 août 1901 à Cape Sable en Nouvelle-Écosse.

Hunter: naufragé au nord de Sydney Beach en Nouvelle-Écosse le 24 août 1973.

Maggie: naufragé au nord de Sydney Beach, au Cap Breton en Nouvelle-Écosse le 24 août 1973.

Sancho: naufragé à Owl's Head en Nouvelle-Écosse le 4 septembre 1970.

New York News: naufragé à Pugwash en Nouvelle-Écosse.

L'équipage de l'*Anglo-Saxon*

Capitaine William Burgess
Premier officier John Hoare (grade de commandement)
Second officier McAllister
Troisième officier Robert A. Allen
Quatrième officier Scott

Ingénieur en chef William M. McMaster
(technique, scientifique)
Second ingénieur Alec McKay (ou MacRae)
Troisième ingénieur Ritchie
Quatrième ingénieur Henderson
Cinquième ingénieur Carroll

Steward en chef Thomas Wood (maître d'hôtel ou de service)
Second steward Jones
Femme de chambre Parry
Quinze stewards

Commissaire William Jenkins (comptabilité)
Commissaire adjoint Gilbert A. Little

Maître principal de manœuvre Newell
Maître d'équipage Mate Jones

Officier des postes Samuel T. Green

Chirurgien Dr Alfred Patton

Matelot charpentier John Allen
Menuisier Reid

Cuisinier en chef Cleary (ou Arthur Grace)
Quatre cuisiniers
Premier boulanger Carroll
Second boulanger Kennedy

Boucher Jones

Serviteur du capitaine Purcell

Vingt-cinq marins
Dix pompiers

Six trimmers (appareiller, orienter les voiles)

La liste des rescapés de l'*Anglo-Saxon*

Première Classe

Hon. M. Young, femme et ses sept enfants

Mlles Hope, Bertram et Inglis

M. Thomas Caldwell

Capitaine Reed

Capitaine Hyler

M. James Kirkwood

Mlle Kirkwood

Capitaine Cassidy, 30e rég.

M. T. A. Towers

M. Kirkness

Rév. M. Eaton

Mme Stodhert

M. A. Frazer

M. John Martin

M. Tealby

M. et Mme Christian

Lieut. Simpson, R. A.

Mme Wright

Mme James

M. Whitter

Mme Jackson et sa fille

Membres de l'équipage sauvés

John Hoare

Robert Allan

George Scott

Edmun Newell
Hugh Jones
John Allan
William Reid
W. McMaster
Alexander Mackie
Jas. Henderson
Chas. Cardell
Alfred Patton
William Jenkins
Gilbert Little

MARINS
A. Gibbie
R. Cain
W. Cape
T. Pritchard
J. Heasley
J. Redmond
J. Ellis
J. Quangle
J. Lloyd
P. Patterson
W. Bennett
F. Hornbed
T. Chapman
J. Wilson
W. Edmonson
J. Larkins

Thos Phelom

John Johnson

George Taylor

T. Hannibal

J. Halloran

J. Martin

POMPIERS

John Dow

J. William

G. Robertson

T. Murphy

John Murphy

John Riley

John Davidson

Henry McKenny

Thomas White

B. Bride

C. J. Baxter

D. J. McCartney

E. Patrick Pursell

F. J. Howard

STEWARDS

C. Barlow

J. Davidson

J. Reeve

G. Whollani

H. J. Leah

I. R. Corlett

J. W. McStay

K. Edward Emans

L. J. Haggup

M. John Carr

CUISINIERS

John Harvey

Henry Weston

A. Costells

W. Hodgson

J. McDermott

W. Carroll

A. Kennedy

B. Jones

Mme C. Perry

Troisième classe

Robert Parker

Robert Parsons

François St-Mary

Henry Callaghan

James Callaghan

Edward Dance

John Booth

Peter Fleck

Daniel Ferguson

Saubrough Pautrie

Dennis Wilholm

Thomas Yeo

James Wood

W. Stanley

N. Nagher

Croile Lahn

Thomas Barbour

Daniel Coulter

James Finlay

Henry Morgan

John Rooke

David Lloyd

Mme Galey et un enfant

Christina Brown

William Furse

John Jones

John Griffiths

Eliza Warmby

Thos Churchyard

John Wickett

Wm. Burrow

Wm. Dance

Geo Dance

Geo Black

Richard Jones et sa femme

Jacques Filleles

Thos Jones

Mary Ann Thomas

Mary Ann Adams

Mina Christien
Jessy Christien
Mary Waldron
Mary Renwick
Martha Renwick
Maggie Renwick
Luke Wood
Joseph Hill
Rich Harrison
Walter Waller
Robert Bruce
Thomas Jones
Augustine Loubière
James Barclay
Robert Jameson
John Small
Thomas Bishop
Patrick Gormley
Ann Gormley
Jane Cotton
Mary Ralston
Ann Stevens
Benjamin Corder
Mary Ann Callan
Mary Callagan
Alice Steward
Mary Kenny
Simon McMurray
William Johnston

Fanny McKensie

David Dinsmore

Mary Reed

John Ditto

Jane Walker

Thomas Powell

Ellen Ryan

John McKay

Sarah Smith

James Murtagh

Daniel Garrity

Jans Christiensen

Niel Christiensen

Catherine Early

Michael Davies

Richard Tapper

Margaret Evans

Sophia Davies et un enfant

John McNally

Eliza Otto Gritz et ses deux enfants

Georges Atkinson

David Rees et un enfant

John Townsend

James Damsel

William Cross

William Cronenberg

Capitaine Crawford

Deux enfants inconnus

TOTAL DE GENS RESCAPÉS : 207

Marcel « le Pirate » Robillard

OÙ MON TRÉSOR EST-IL CACHÉ ?

En 1983, dans les environs de Renews, j'ai enfoui un trésor composé de soixante-dix pièces d'argenterie. Je vous lance le défi de le trouver !

À partir du mois de mai 2002, j'afficherai un indice chaque semaine sur mon site Internet. Apportez votre détecteur de métal. Bonne chance à tous !

J'espère que quelqu'un découvrira mon trésor, à défaut de quoi il me faudra revenir lors d'une prochaine vie pour mettre un terme à ce jeu !

Tous ceux et celles qui aimeraient en connaître davantage sur les mystères de l'*Anglo-Saxon* et du *Falcon*, peuvent visiter mon site Internet à l'adresse suivante :

www.anglosaxonedition.com